정치신학·2

Politische Theologie II

: Die Legende von der Erledigung jeder Politischen Theologie (Fünfte Auflage)

by Carl Schmitt

Copyright © Duncker & Humblot GmbH, Berlin, 2008.

All rights reserved.

Korean translation copyright © 2019 by Greenbee Publishing Company.

This edition published by arrangement with Duncker & Humblot GmbH through BC Agency.

그린비 크리티컬 컬렉션 16

정치신학·2

모든 정치신학이 처리되었다는 전설에 대하여

칼 슈미트 지음
조효원 옮김

그린비

한스 바리온의 고희를 기념하며
1969년 12월 16일

책의 이해를 위해 독자들에게 드리는 지침

『정치신학 2』*Politische Theologie II*라는 제목은 지금 이 책을 간행하는 동일한 출판사에서 1922년(제2판 1934년)에 출간한 나의 저서 『정치신학』*Politische Theologie*[1]과 관련이 있음을 시사한다. 이 책에서 나는 1935년에 간행되어 오늘에 이르는 동안 학계의 전설이 되어버린 한 편의 짧은 신학 논문에 대해 검토해보려 한다. 이 전설에 따르면, 1935년의 그 짧은 논문이 모든 정치신학을 말끔하게 처리해버렸다고 한다. 그 논문의 결론 역시 유사한 주장을 담고 있다. 이토록 아름다운 전설에 누를 끼치는 짓은 해서는 안 될 일이며, 하물며 그 전설을 파괴한다는 것은 있을 수 없는 일이다. 따라서 나의 검토 작업은 그 논문에 담긴 논

---

1 한국어판: 칼 슈미트, 『정치신학』, 김항 옮김, 그린비, 2010. ─옮긴이

변과 결론 사이의 내적 관계에 집중할 것이다. 그 논문의 저자인 에릭 페테르존 교수[2]의 신학적 저술들, 특히 1922년에서 1960년에 걸쳐 이뤄진 그의 신학의 발전 과정을 구체적으로 분석하는 것은 이 책의 주제가 아니다.

1935년에 간행된 한 편의 논문에 국한된, 보잘것없는 이 분석 작업을 저 위대한 신학자, 교회학자Ecclesiologe, 교회법학자Kanonist, 법제사가Rechtshistoriker 한스 바리온[3]의 고희를 기념하여 그에게 헌정함으로 인해 생길 수 있는 이런저런 비근한 오해를 미연에 방지해야 할 듯하다. 바리온의 학술 저작들은 실로 위대하고 광범위해서 이처럼 왜소한 저작을 헌정하는 것으로는 결코 그에게 합당한 명예를 돌린다고 할 수 없을 것이다. 바리온은 저 위대한 법학계의 스승, 초일류 연구자 루돌프 좀[4]에 버금가는 법학자다. 그래서 이토록 초라한 작품을 그에

---

2 에릭 페테르존(Erik Peterson, 1890~1960). 독일의 신학자, 교회사학자. 원래는 프로테스탄트 신학자였으나 1930년 로마 가톨릭으로 개종하였다. 1924년부터 1929년까지 독일 본 대학 프로테스탄트 신학부에서 교회사와 신약을 가르쳤으며, 이 시기 슈미트와 긴밀한 우정을 쌓았다. 페테르존이 개종을 결심하게 된 데에는 슈미트의 영향이 컸다고 전해진다. 본문에서 충분히 밝혀지겠지만, 본서는 페테르존의 논문에 대한 (뒤늦은) 응답으로 집필된 것이다.─옮긴이

3 한스 바리온(Hans Barion, 1899~1973). 독일의 가톨릭 교회법제사가. 바리온은 언젠가 자신이 교회법 및 그 역사에 대한 연구에 헌신하게 된 최초의 계기는 슈미트의 『로마 가톨릭교회와 정치형식』을 읽은 것이었다고 말한 적이 있다.─옮긴이

4 루돌프 좀(Rudolph Sohm, 1841~1917). 독일의 법제사가, 교회법학자. 대표 저서로는 두 권으로 간행된 『교회법』(Kirchenrecht)과 『로마법의 제도들』(Institutionen des römischen Rechts), 그리고 『교회사 개요』(Kirchengeschichte im Grundriß)를 꼽을 수 있다. 슈미트는 "19세기의 정신사를 해명할 수 있는 열쇠"를 찾기 위해서는 널리 알려진 바와 달리 막스 베버보다는 오히려 좀의 사유와 저작을 들여다봐야 한다고 생각했다. 또한 그는 좀의 『교회법』 제2권을 가리켜 "헌법과 행정법에 관한 모든 문제들을 다루고 있는 보고(寶庫)"라는 표현을 쓰기도 했다.─옮긴이

게 헌정하는 것이 행여 온당치 못한 처사가 되지는 않을지 염려된다. 어쩌면 개인적인 헌사를 넣지 않는 것이 더 나을지도 모른다는 생각도 든다.

객관적으로도 개인적으로도 나에게는 한스 바리온에게 존경과 감사의 마음을 표시해야 할 이유가 충분하다. 그것은 비단 그의 전문적인 학술 저서들이 그 모범적인 박식함을 통해 나에게 준 유익함뿐 아니라 그가 나의 법학적인 노력에 대해 보여준 각별한 관심 때문이기도 하다. 바리온은 1959년, 1965년, 1968년 세 차례에 걸쳐 나의 사상을 비판적으로 다루는 논문을 집필했다.[5] 이 세 편의 논문 중 마지막 것은 제2차 바티칸 공의회에 대한 그의 다섯 가지 연구 중 하나로서 1968년 간행된 나의 팔순 기념논문집인 『에피로시스』*Epirrhosis*에 게재되었다.[6]

---

5 한스 바리온, 「교회법에서의 질서와 장소확정」, 『칼 슈미트 기념논문집』("Ordnung und Ortung im Kanonischen Recht", *Festschrift für Carl Schmitt*, Berlin, 1959, pp.1~34); 한스 바리온, 「교회냐 당이냐? 로마 가톨릭주의와 정치 형식」, 『국가』("Kirche oder Partei? Römischer Katholizismus und politische Form", *Der Staat*, vol.4, 1965, pp.131~176); 한스 바리온, 「세계사적 권력 형식? 제2차 바티칸 공의회의 정치신학에 대한 연구」, 『에피로시스』("Weltgeschichtliche Machtform? Eine Studie zur Politischen Theologie des II. Vatikanischen Konzils", *Epirrhosis*, Berlin, 1968, pp.13~59).

6 한스 바리온, 「제2차 바티칸 공의회: 제1차 교회법적 보고서」, 『국가』("Das Zweite Vatikanische Konzil. Kanonistischer Bericht I", *Der Staat*, vol.3, 1964, pp.221~226); 「제2차 보고서」, 『국가』("Bericht II", *Der Staat*, vol.4, 1965, pp.341~359); 「제3차 보고서」, 『국가』("Bericht III", *Der Staat*, vol.5, 1966, pp.341~352).
제4차 보고서는 공의회의 사회 이론을 다루는 것으로서 에른스트 포르스트호프의 65세 생일 기념논문집 『세속화와 유토피아』에 「공의회적 유토피아: 제1차 바티칸 공의회의 사회이론에 대한 연구」라는 제목으로 게재되었다("Das konziliare Utopia. Eine Studie zur Soziallehre des I. Vatikanischen Konzils", *Säkularisation und Utopie, Ebracher Studien, Ernst Forsthoff zum 65. Geburtstag*, Stuttgart, 1967, pp.187~233). 제5차 보고서는 바티칸 공의회의 국가 이론을 다루는 것으로서 칼 슈미트의 팔순을 기념하는 논문집 『에피로시스』에 「세계사적 권력 형식? 제2차 바티칸 공의회의 정치신학에 대한 연구」라는 제목으

이 논문은 정치신학의 문제를 다루고 있다. 또한 이 글에서 바리온은 페테르존의 논문을 두고 "파르티아인의 화살"[7]이라고 칭하면서 이와 대결하는 것은 불가피한 일이라고 단언한다. 이 말은 상당히 인상적이어서 나는 새삼 저 오래된 도전을 떠올리게 되었고, 결국 그 파르티아인의 화살을 상처에서 뽑아내기로 결심하기에 이르렀다.

이상이 [페테르존의 논문에 대한] 구체적인 분석을 책으로 쓰게 된 사연이다. 이 책은 향후 연구를 위한 예비 작업일 뿐이며, [오래 묵혀둔 문제를] 깨끗이 털어낸 작업에 대해 보고하는 것에 지나지 않는다. 이 책은 [또한] 로마-교회법jus utrumque의 정신 아래 40년이란 긴 세월을 동행해온 세속 법학자[8]와 교회법학자Kanonist의 우정에 대한 증명, 즉 두 사람을 하나로 묶어준 이론적·실제적·개인적 차원의 경험에 대한 증명이다. 문제와 주제의 차원에서 나의 1922년 저작 『정치신학』을 확장하는 이 책은 16세기 개혁법jus reformandi과 더불어 개시된 후 헤겔에게서 정점에 이르렀고, 오늘날에 와서는 어디서든 감지할 수 있는 전반적인 흐름을 추적하는 작업을 담고 있다. 즉 이 책은 정치신학

로 게재되었다.

7 파르티아인의 화살(parthische Attacke/Parthian shot). 고대 파르티아인들이 쓴 전법으로, 전투에서 후퇴를 하(는 척하)면서 달리는 말 위에서 몸을 돌려 추격하는 적을 향해 쏘는 화살을 가리킨다. ─옮긴이

8 레기스트(Legist). 중세 카롤링거 왕조 시대 이후 등장한 법학자들을 지칭하는 용어로서, 이들은 교황이 아닌 왕에게 법률적인 문제에 관한 조언을 하였으며, 대개는 교회와 수도원 바깥에서 로마법을 가르치는 선생들이었다. 본문에서 슈미트는 교회법학자와 대립하는 입장을 강조하기 위해서 자신을 '레기스트'라 지칭하고 있는바, 그 의도를 분명히 드러내기 위해 '세속 법학자'로 옮겼다. ─옮긴이

Politischen Theologie에서 정치기독학politische Chrisotologie으로의 이행을 다루는 책이다.

1969년 12월

칼 슈미트

차례

| 일러두기 |

1 이 책은 Carl Schmitt, *Politische Theologie II*, Duncker & Humblot GmbH, 2008을 완역
  한 것이다.
2 원서 본문의 서지정보는 각주로 표시했고, 옮긴이가 추가한 경우 끝에 '— 옮긴이'라고 표
  시했다.
3 독자의 이해를 돕기 위해 옮긴이가 본문에 추가한 말은 대괄호([ ])로 표시했다.
4 단행본·정기간행물에는 겹낫표(『 』), 논문·단편·미술작품 등에는 낫표(「 」)를 사용했다.
5 외국 인명과 지명, 작품명은 2002년 국립국어원에서 펴낸 외래어표기법을 따르되, 관례
  로 굳어서 쓰이는 것들은 그것을 따랐다.

서론

무신론자, 아나키스트, 실증 과학자들에게 모든 정치신학——모든 정치 형이상학과 마찬가지로——은 학문적으로 이미 오래전에 처리된 것이다.[1] 왜냐하면 그들이 보기에 신학과 형이상학은 학문으로서 이미 오래전에 폐기된 것이기 때문이다. 그들은 그저 시비를 걸기 위해 이 용어를 상투어 혹은 욕처럼 쓰면서 이 말을 완전히, 깡그리 부정하려 한다. 그러나 부정의 욕망은 창조적인 욕망이다. 부정의 욕망은 부정되어야 할 것을 [우선] 무無로부터 산출한 다음 그것을 변증법적으로 창조해내기 때문이다. 무로부터 세계를 창조했을 때 신은 무를 실로 놀라운 어떤 것으로 변화시킨 것이다. 바로 이 놀라운 무언가로부터

---

1 슈미트가 이 책에서 가장 많이, 가장 빈번히 사용하는 단어인 'Erledigung'은 '처리하다', '매장하다', '끝장내다' 등의 뜻을 가진 독일어 동사 'erledigen'의 동명사이다. 이 책에서는 원어인 'erledigen' 못지않게 다양한 용법으로 쓰이고 또 읽힐 수 있는 한국어 단어인 '처리'로 가급적 일관되게 번역하되, 맥락에 따라 필요하다고 생각될 경우 예외적으로 '폐기' 혹은 '처단'으로 옮겼다.—옮긴이

[비로소] 세계는 창조될 수 있었다. [그러나] 오늘날 우리는 이를 위해 더 이상 신을 필요로 하지 않는다. 자기주장, 자기증명 ——그리고 '자기'라는 말이 붙은 여러 합성어들, 즉 이른바 자작어自作語, Autokomposit 중 하나인 ——자기권능Selbst-Ermächtigung만으로도 새롭고 알 수 없는 세계들을 맞이하는 데 전혀 어려움이 없기 때문이다. 이 새로운 세계들은 스스로 생성될 뿐 아니라 자체 생산을 위한 가능성의 조건들까지 직접 만들어낸다. 그것이 비록 실험실의 조건들에 지나지 않는 것이라 해도 말이다.

우리가 면밀히 검토하게 될 '모든 정치신학에 대한 처리 작업'은 이러한 무신론적, 아나키스트적, 혹은 실증적 처리 작업과는 아무런 관계가 없다. 모든 정치신학을 부정하는 논쟁적인 테제의 저자 에릭 페테르존은 오귀스트 콩트 같은 실증주의자 혹은 [피에르-조제프] 프루동이나 미하일 바쿠닌 같은 아나키스트가 아니며, 그렇다고 현대적인 스타일의 과학자도 아니다. 그는 위대하고 경건한 신앙을 가진 기독교 신학자이다. 페테르존은 그의 처리 작업을 "거룩한 아우구스티누스 성인께"Sancto Augustino 바치는 헌사와 기도로 시작한다. 그가 한 일은 모든 정치신학을 **신학적으로** 처리하는 작업이었다. 이것은 무신론자 혹은 신학에 문외한인 사람에게는 결코 최종 어휘가 될 수 없는 말이다. 그런 사람에게 페테르존의 작업은 그저 신학계 내부의 자기비판 및 자기 파괴, 즉 정치적으로 의미 있는 신앙과 사회적으로 중요한 신학의 문제를 의도치 않게 폐기 처분해버린 하나의 해프닝으로서만 흥미를 끌 뿐이다. 이 해프닝은 ——각각의 입장에 따라—— 즐거운 일 혹은 경악할 일일 수 있다.

우리가 다루려는 에릭 페테르존의 논문은 1935년 라이프치히의 야콥 헤그너 출판사에서 간행된 것으로서, 그리 길지 않은 [그러나] 전문적인 역사-문헌학적 논고이다. 이 논문은 「정치적 문제로서의 유일신교: 로마제국 정치신학의 역사에 관한 논고」"Der Monotheismus als politisches Problem: Ein Beitrag zur Geschichte der politischen Theologie im Imperium Romanum"라는 제목을 달고 있다. 제목과 부제에서 알 수 있듯이, 이 논문의 주제는 초대 기독교 시기의 유일신교 및 군주제의 문제와 이에 대한 역사적인 자료들을 다루는 데 국한된다. 뿐만 아니라 논문 전체 분량의 절반 이상을 차지하는 전문적인 미주들 역시 이 시기에 관한 것으로 국한되어 있다. 이 논문은 마지막 부분(pp.99~100)에 가서 단호한 어조로 모든 정치신학은 처리되었다는 테제를 결론으로 제출한다. 이 결론에 대한 주석이 마지막 미주(p.158, 168번)에 기록되어 있는데, 바로 여기서 페테르존은 정치신학이라는 개념을 도입한 최초의 저술로서 1922년 뮌헨에서 간행된 칼 슈미트의 『정치신학』을 스쳐 지나가듯이 언급한다. 그런 다음 그는 다음과 같이 말한다.

우리는 여기서 한 가지 구체적인 사례를 통해 "정치신학"의 신학적 불가능성을 증명하려는 시도를 감행하였다.

이것이 그 논문의 마지막 말이다. 위대한 신학적 처리 작업. 우리는 이 최종 결론(과 더불어 그것과 결부된 마지막 주석)이 그 논문에서 제시된 여러 증거자료들과 어떤 관계를 맺고 있는지 그리고 그것이 과연 타당한 결론인지 검토할 것이다.

1부

정치신학을 신학적으로 최종 처리했다는
전설에 대하여

1장 전설의 내용

페테르존의 최종 결론(및 그것에 달린 마지막 주석)은 오늘까지도 오직 한 가지 방식, 즉 그 결론과 더불어 법적 효력을 갖는 **최종 판결**res judicata이 내려졌다는 식으로만 인용된다. 이 결론을 참조하는 것만으로 이미 충분하기 때문에 나의 1922년 저작 『정치신학』을 독해하는 일뿐만 아니라, 심지어 페테르존의 1935년 논문을 직접 제대로 읽어보는 일조차 더 이상 필요치 않게 되었다. 이런 식으로 문제를 도매금으로 처리해버리는 것은 노동 분업의 원칙을 따르는 [오늘날의] 학계에서 매우 빈번히 일어나는 일이며, 또 [사실 따지고 보면] 피하기 어려운 일이기도 하다. 학문 연구의 부담을 덜어주고 어려움을 경감시켜주는 그런 처리 방식[의 유혹]에 굴복하지 않기란 어렵다. [더구나] 정치신학처럼 복잡하고 다면적인 주제, 게다가 거의 난도질되다시피 할 정도로 수없이 많이 논의된 주제의 경우 그렇게 처리하는 것은 사실상 불가피한 일일 수도 있다.

그렇지만 때로는 학문적 엄밀성을 기하기 위해 [해당 문제와 텍스트를] 면밀히 검토하는 일도 필요하다. 정치신학이 처리되었다는 부정적인 도매금 결론은 오늘날 신학자와 반-신학자, 기독교도와 반-기독교도 할 것 없이 [즐겨] 인용하는 테제다. 그처럼 한목소리로 [정치신학을] 부정할 수 있다는 사실을 목도하게 되는 지금, 바로 이때가 저 전설의 [거대한] 흐름에 맞서야 할 때이다. [사람들에게] 두루 널리 환영받는 테제를 전문적인 연구의 결론으로 짐짓 엄숙하게 선포하고 또 눈에 띄도록 부각시킬 경우에는 한 편의 학술 논문도 곧바로 전설이 될 수 있다. 이런 방식으로 학계의 전설이 되어버린 논문은 그저 써먹힐 따름이며——전설Legende이라는 말의 어원에 따른 의미와 반대로——더 이상 읽히지 않고 다만 인용될 뿐이다. 이것이 작금의 상황이다.

우리는 개념사 및 문제사와 관련된 질문들을 검토하려 한다. "유일신-유일왕"Ein Gott-Ein Monarch이라는 정식을 다루는 이 논문이 1935년 독일에서 출간되었을 때, 그것은 자동적으로 위험하기 짝이 없는 지뢰밭에 발을 들여놓은 셈이었다. 특히 그 논문은 왕왕(가령 p.52) 왕Monarch을 영도자Führer로 [바꿔] 부르기 때문에 더욱 그러했다. [이런 이유에서] 이 논문은 [당대에 대한] 시의성 있는 비판이자 항의로 받아들여졌다. 즉 지성의 가면을 교묘하게 잘 차려 쓰고 [당시의] 영도자 문화, 일당 체제, 전체주의 등을 비판적으로 암시한 글로 받아들여졌던 것이다. 논문에 인용된 제사 때문에 그렇게 보인 측면도 있는데, 그것은 성 아우구스티누스의 명제로서 세속의 권력에 눈이 멀어 [세계/제국을] 통일하려는 잘못된 욕망에 대해 경고하는 문장이다.

이로써 이 논문이 출간되었을 때 사람들이 보인 호의와 열띤 반응

이 설명된다. 가톨릭 잡지 『성배』*Gral*는 이 논문에 대해 "100쪽 남짓의 짧고 친절한 이 책은 민족과 인류 사회를 규정해온 가장 거대한 물음들에 관해 새로운 인식을 제공해준다"고 적었다. 『성배』에는 또한 다음과 같은 문장도 적혀 있다. 이 책이 "정치신학에 최후의 일격을 가했다는 점에는 이론의 여지가 없다". 『스위스 연감』에 따르면, 이 책 덕분에 "우리는 모든 정치신학과 완전히 절연할 수 있게 되었다. 이 책은 [정치신학이라는] 담론이 이면에 숨기고 있는 저의를 놀라운 방식으로 폭로한다".[1]

내가 아는 한 에릭 페테르존의 삶과 업적을 역사적으로 다룬 단행본이나 전기는 [아직] 없다.[2] 그 작업은 정치신학 및 신학 정치의 견지에서 특별히 시사하는 점이 많을 텐데도 말이다. 1925년에서 1960년

---

1 아래(제1부 3장)에서 우리는 이 전설이 오늘날에도 현재성을 지닌다는 것을 보여주는 몇 가지 사례들을 다룰 것이다. 이 전설이 널리 퍼져서 이제는 거의 상식처럼 되어버렸음을 보여주는 대표적인 징후를 들자면, 『세계사 입문』(*Propyläen-Weltgeschichte*, vol.4, 1963)의 한 대목을 꼽을 수 있다. 그것은 윌리엄 세스통(William Seston)이 서구 세계에서 로마 제국의 몰락에 대해 다룬 글인데, 여기서 그는 콘스탄티누스 대제의 아리우스주의적 교회 정책에 대해 이야기하면서 이 정책의 신학적 입안자로 니코메디아의 주교 에우세비우스(Eusebius von Nikomedia)를 지목한다. 이 주교는 임종을 앞둔 콘스탄티누스에게 세례를 준 사람이다. 계속해서 세스통은 이렇게 주장한다. "이 시대에는 오직 아리우스주의에 의해서만 정치신학이 나올 수 있었다"(p.504). 여기서 "정치신학"이라는 단어가 주목을 끈다. 물론 역사가 세스통은 페테르존에 의해 [정치신학의] 원형으로 [재]창조된 인물, 즉 [신학적으로] 처리된 카이사레아의 주교 에우세비우스(Eusebius von Caesarea)를 니코메디아(Nikomedia)의 주교 에우세비우스와 혼동하지 않았다.

2 슈미트 사후인 1992년 페테르존 연구자 바바라 니히트바이스(Barbara Nichtweiß)가 『에릭 페테르존: 그의 삶과 저작에 대한 새로운 관점』(*Erik Peterson: Neue Sicht auf Leben und Werk*)이라는 역작을 출간하였다. 900쪽이 넘는 방대한 분량을 자랑하는 이 책은 페테르존에 대한 연구를 하기 위해서는 반드시 참조해야 할 필독서로 간주된다. 덧붙이자면, 이 책의 출간 이래로 2019년 현재까지 독일과 유럽, 특히 이탈리아에서는 페테르존의 신학에 대한 관심이 꾸준히 늘어나고 있다. —옮긴이

에 이르는 그의 공적인 활동 기간 중 1930년에 그가 감행한 가톨릭으로의 개종은 하나의 심원한 분기점을 이루는 것으로서, 이는 [단순히] 달력상에 표시되는 연도로 환원되어서는 안 된다. 페테르존은 제1차 세계대전 시기 괴팅겐 학파에 속한 신학자로 활동을 시작했고, 이 전쟁의 여파로 독일 프로테스탄트 신학계 내부에서 발생한 강력한 위기 Krisis에 휩쓸렸다. 1918년과 1933년 사이에 발생한 위기에 관한 여러 자료들을 성실히 조사하여 포괄적으로 다룬 문헌으로는 로베르트 헤프[3]가 1967년 에를랑겐 대학에 제출한 박사학위 논문을 들 수 있는데, 제목만 보아도 우리는 그가 문제를 제대로 파악했음을 알 수 있다. 그 제목은 『정치신학과 신학 정치』*Politische Theologie und Theologische Politik*이다.[4]

아우구스티누스의 이론이 설정한 두 개의 왕국, 두 개의 영역, 즉 신국Civitas Dei과 지국地國, Civitas Terrena의 구별 및 상호 승인 그리고 양자 간의 협력을 보장하고 구체적으로 실현하는 제도적 장치——이것은 중세 및 종교개혁 시기를 거치며 [간단없이] 전해 내려오던 것인데——는 1918년에 이르러 독일 프로테스탄티즘의 눈앞에서 무너져 내렸다. 이것이 위기의 이유였다. 반면 가톨릭교회는 바이마르 공화국

---

3 로베르트 헤프(Robert Hepp, 1938~). 독일의 사회학자. 1960년대 등장한 독일 신우파의 태두로 간주된다.——옮긴이
4 이 논문의 부제는 다음과 같다. "제1차 세계대전 및 바이마르 공화국 시기 프로테스탄티즘의 세속화에 관한 연구"(Studien zur Säkularisierung des Protestantismus im Weltkrieg und in der Weimarer Republik). [1969년 현재] 이 논문의 본문 제1장과 제2장만이 각주가 첨부된 형태로 에를랑겐-뉘른베르크 대학 철학부에 박사학위 논문(지도교수: 한스 요아힘 쇱스H. J. Schoeps)으로 청구되어 타자 원고로 배부되어 있는 상태다. 제1장은 "종교전쟁으로서의 제1차 세계대전"을, 제2장은 "혁명과 교회"를 다룬다.

시기(1919~1930년) 내내 그 위기 앞에서 굳건해 보였으며, 그때까지 전승되어온 공식 교리, 즉 두 개의 **완벽한 사회**societates perfectae ——교회와 국가——에 관한 교리를 흔들림 없이 지켜가고 있었다. 낡은 루터교 교리와 현대 자유주의 교리가 공히 고수해오던 정신적[영적]인 것과 세속적인 것의 분리, 종교와 정치의 분리는 결정을 내리는 기구들 ——교회와 국가——이 휘청거리자 [곧바로] 파기되고 말았다. 왜냐하면 국가와 교회의 분리는 법에 의해 제도화된 주체들이 권한을 두고 다투면서 성립된 것이지, 사안에 따라 검증 가능한 형태로 주체들을 구분할 수 있도록 만들어진 것이 아니기 때문이다. 로베르트 헤프가 말했듯이(p.148), 실제로 "순수하게 정치적인" **국가**도, "순수하게 신학적인" **신학**도 더는 존재하지 않는다. 사회Gesellschaft와 사회적인 것 das Soziale의 영역이 양자를 포섭하면서 [둘 사이의] 구별을 폐기해버렸기 때문이다. 이것이 [당시] 독일 프로테스탄티즘이 처한 상황이었다. 이 상황은 독일 프로테스탄트 신학자들로 하여금 종교 비판, 교회 비판, 문화 비판, 국가 비판, 요컨대 **비판** 그 자체를 프로테스탄티즘의 본질로 인식하게 만들었다. 이것은 [일찍이] 브루노 바우어[5]가 도달하였으나 1848년 이래 마르크스주의에 가려 빛을 보지 못한 통찰이었다. 1932년 『위기』Krisis라는 제목으로 출간된 "정치적 선언문"에서 국가법학자 **루돌프 스멘트**[6]는 정치적인 것과 종교적인 "위기"의 연관성에 대해 그것이 마치 자명한 사실인 양 이야기할 수 있었다. 로베르트 헤

---

5 브루노 바우어(Bruno Bauer, 1809~1882). 독일의 신학자, 철학자, 성서비평가. ——옮긴이
6 루돌프 스멘트(Rudolf Smend, 1882~1975). 독일의 국가법학자, 교회법학자. ——옮긴이

프는 다음과 같이 적고 있다(pp.161~162).

> 교리Dogma의 벽이 없다면 **정신적[영적]인 것**은 더 이상 세속적인 것으로부터 말끔하게 구별될 수 없다. [⋯] 저 옛날 카이사레아의 주교 에우세비우스[7]가 **콘스탄티누스 대제**를 위해 일한 것처럼, 세속에 물든 저 사제들, 제국 시기에 국가와 교회의 분리를 요구하면서 **황제의 신학 가발을 다듬는 이발사 역할**Dienst eines Friseurs an der theologischen Perücke des Kaisers을 했던 신학자들이 지금에 와서는 민주주의의 궁정신학자들이 되었다.

페테르존은 콘스탄티누스의 궁정신학자, 카이사레아의 주교 에우세비우스를 거짓 정치신학의 정체를 가장 분명히 밝혀주는 사례로 꼽는다. 앞으로 이 책에서 우리는 그의 이름을 빈번히 보게 될 것이다. 에우세비우스의 도덕적인 혹은 신학적인 성격을 "황제의 신학 가발을 다듬는 이발사"로 규정한 이는 바젤의 신학자 [프란츠] 오버베크[8]였다.

---

7 카이사레아의 에우세비우스(Eusebius von Caesarea, 260/264~339/340). 후기 고대의 기독교 신학자, 역사가. 본문에서 밝혀지겠지만, 「정치적 문제로서의 유일신교」에서 페테르존은 에우세비우스에 빗대는 은밀한 방식으로 슈미트와 그의 정치신학을 비난했다. 에우세비우스가 고대 로마에서 한 것과 똑같은 짓을 슈미트가 나치 독일에서 하고 있다는 것이다. 슈미트가 본서를 집필한 것은 이 비난에 대한 반론을 펼치기 위해서였다. 따라서 에우세비우스는 사실상 본서의 주인공에 해당하는 인물이라고 할 수 있다. ─옮긴이

8 프란츠 오버베크(Franz Overbeck, 1837~1905). 교회사가, 복음주의 신학자. 바젤 대학 교수로 프리드리히 니체와 가까운 동료였으며, 일반 대중에게는 주로 그의 절친한 친구이자 서신 상대로 잘 알려져 있지만, 신학계에서는 19세기의 가장 중요한 신학자 가운데 한 명으로 꼽힌다. ─옮긴이

그가 이 말을 한 것은 1919년[9]이었는데, 이 표현을 통해 그가 쓰러뜨리려 한 상대는 빌헬름 황제 치하 프로이센 제국의 궁정 신학자, 베를린 대학의 저명한 교수 아돌프 폰 하르나크[10]였다. 하지만 오버베크의 의도는 "순수하게" 도덕적이고 "순수하게" 신학적이었을 뿐, 거기에 정치적인 것은 단 한 방울도 섞여 있지 않았다. 왜냐하면 오버베크에게 [정치와 신학을] 뒤섞는 것은 말 그대로 "더러운" 행위였기 때문이다. 페테르존은 1928년부터 하르나크와 서신을 교환했고, 그 편지들에 자신의 에필로그를 덧붙여서 출간했다.[11] 1932년에 쓴 이 에필로그의 각주 19번에서 페테르존은 다음과 같이 말한다.

이러한 관점에서 우리는 독일에서의 교파 간 갈등은 근본적으로 오직 정치신학의 영역에서만 어느 정도 현실적인 성격을 갖는다고 말할 수 있다.

1932년에는 어느 **정도 현실적인** 성격을 갖던 정치신학이 1935년 논문에 와서는 슬그머니 사라진 것이다. 마치 더 이상 그런 것은 존재

---

9 이는 슈미트의 착오이다. 오버베크는 1905년에 작고했기 때문이다. 그가 하르나크를 비판한 것은 자신의 주저 『오늘날 우리 신학의 기독교성에 대하여』(*Über die Christlichkeit der heutigen Theologie*, 1873)의 재판(1903)에 부치는 후기를 통해서였다. 아마도 슈미트는 1919년에 간행된 판본을 기준으로 잘못 생각한 것 같다. — 옮긴이

10 아돌프 폰 하르나크(Adolf von Harnack, 1851~1930). 독일의 신학자, 교회사가로 베를린 대학 신학부 교수로 봉직했다. 대표적인 저서로 『교리사』(*Dogmengeschichte*)와 『기독교의 본질』(*Das Wesen des Christentums*) 등을 꼽을 수 있다. — 옮긴이

11 에릭 페테르존, 『높은 땅』(Erik Peterson, *Hochland*, Nov 1932); 『신학논집』(Erik Peterson, *Traktate*, 1951, pp. 295~321).

하지 않는다는 듯이. 심지어 당시는 히틀러로 인해 정치신학이 기독교 내의 모든 교단에게 가장 긴급한 문제가 된 시기였음에도 말이다.

개종을 향한 결심이 무르익어 가던 시기(1924~1930년), 즉 본Bonn 대학 재직 시절 페테르존은 「신학이란 무엇인가?」[12] 라는 강연을 한 적이 있는데, 이 글 역시 우리의 맥락에서 중요하다. 페테르존——당시 그는 본 대학 프로테스탄트 신학부의 정교수였다——은 이 강연에서 절대적 교리의 신학을 선포한다. 신학은 육신이 된 말씀Logos을 계승하는 작업이다. 신학은 오직 예수가 승천한 이후부터 재림하실 때까지만 가능하다. 이 사실 외에 다른 모든 것은 문학이고 환상 나부랭이며 신학적 저널리즘이다.

오직 교리를 통해서만 신학은 모든 학문 중에서 가장 미심쩍은 학문, 이른바 정신과학[인문학]과 절연할 수 있다. 즉 세계사, 문학사, 예술사, 생철학, 그리고 그 밖에 온갖 인문학이 엮어놓은 그물을 끊고 빠져나올 수 있는 것이다.

기독교 신학자는 교회 내에서 특정한 위상Stand을 갖는다. 그는 예언자가 아니며 그렇다고 문필가는 더더욱 아니다. "유대인과 이교도에게는 신학이 없다. 신학은 오직 기독교에만 있다. 이때 전제조건이 되는 것은 육신이 되신 말씀이 하느님에 대해 이야기하셨다는 사실이다. 유대인은 주석Exegese을 할 수 있고, 이교도는 신화를 만들거나 형

---

12 에릭 페테르존, 「신학이란 무엇인가?」("Was ist Theologie?", Bonn, 1925).

이상학을 세울 수 있다. 그러나 진정한 의미의 신학은 오직 성육신하신 분께서 신에 대해 말씀하신 이후부터만 존재하는 것이다." 사도와 순교자 역시 신학자가 아니다. 사도는 말씀을 선포하고 순교자는 그것을 증언한다. 이에 반해 신학은 구체적인 논변을 통해 계시된 말씀을 계속해서 집행하는 작업이다. 신학은 오직 그리스도의 강림과 재림 사이의 시간에만 존재한다.

이러한 테제들을 놓고 보면, 기독교 "정치신학"에 대한 모든 사유는 무의미한 것이 되어버리는 것 같다. 신성모독까지는 아니라 하더라도 말이다. [본 대학 시절 나와] 수많은 대화를 나누었던[13] 페테르존은 나의 1922년 저서 『정치신학』에 대해 [누구보다] 잘 알았을 것이다.[14]

---

13 페테르존 연구자 니히트바이스에 따르면, 이 시기 슈미트와 페테르존은 거의 일주일에 한 번 꼴로 만났다고 한다. ─ 옮긴이

14 비록 중요한 글은 아니지만, 알로이스 뎀프 교수가 『높은 땅』에 게재한 「진보적 지식인」에 대해 잠깐 언급하고 넘어가도록 하자(Alois Dempf, "Fortschrittliche Intelligenz", *Hochland*, May/June 1969). 이 글은 페테르존을 '정치신학' 개념의 진정한 저작자로서 기리고 있다. 뎀프는 이렇게 적었다. "국가법학자 칼 슈미트는 정치신학의 개념을 열정적으로 다루었다. 정신적[영적]인 권력과 세속적인 권력을 결합시킨 토머스 홉스는 그에게 절대주의의 모범적인 이론가로 비쳤다. 그렇게 그는 전체주의적 국가관에 성큼 다가섰던 것이다. 하지만 그의 최고의 제자들, 발데마르 구리안(Waldemar Gurian)과 베르너 베커(Werner Becker)는 페테르존에게 넘어갔다."
뎀프의 논문에 대해 나에게 알려준 이는 베르너 베커인데, 이와 관련하여 그는 로마에서 보낸 1969년 6월 10일자 편지에서 나에게 이렇게 적었다. "『높은 땅』 5/6월호에 실린 뎀프의 논문에 대해서도 한마디하고 싶습니다. 그렇죠, 그는 우리의 본 대학 시절, 그러니까 페테르존이 그에게 결정적인 영향을 끼친 두 개의 강연을 했던 그 시절에 대해 이야기하고 있습니다. 어째서 뎀프는 그 글들을 분석하지 않았을까요? '순수 정통 신학과 자유주의 신학 간의 긴급한 교회 투쟁 속에서'라는 말은 무슨 뜻일까요(p.238)? 이 투쟁은 이후의 교회 투쟁과는 아무 관련이 없는 것인데요, 어쨌든 이 투쟁 당시 페테르존은 오랫동안 [칼] 바르트(Karl Barth)와 같은 편에 서 있었습니다! 게다가 [또 한 가지] 유념해야 할 점은 페테르존이 당신과도 친구였다는 사실이죠. 그러니 당신에게서 페테르존으로 넘어간다는 것은 전혀 불가능한 일이었습니다. [뎀프의 글에서] 당신의 이름이 거론

이 책은 신학적 도그마가 아니라 지식론 및 개념사의 문제를 다룬 책이다. 즉 논증과 인식의 차원에서 법학의 개념들이 신학의 개념들에 대해 갖는 구조적 동일성의 문제를 다루는 책인 것이다. 이에 대해서는 이후(제3부)에서 다시 이야기하도록 하자. 아무튼 페테르존은 기독교 신학의 본성에 관한 테제를 제출함으로써 당시 독일 프로테스탄티즘의 위기를 탈출하여 신학적 교리가 제공해주는 안전지대로 피신한 것이다. 그러나 어제의 적이 오늘의 친구로, 반대로 어제의 친구가 오늘의 적으로 격변하는 세계 역사 속에서는 신학 역시 정치적으로 혁명에 이용될 수도, 거꾸로 반혁명Gegen-Revolution에 이용될 수 있다. 이것은 끊임없이 변화하는 정치적·정쟁적 긴장 관계 및 전선 형성이라는 사태의 일부를 이루는 것이다. 그리고 이것은 강도Intensität의 문제이다. 에릭 페테르존 본인이 이 사실을 누구보다 잘 알고 있었다. 심지어 그는 신학적 논쟁에 대한 시대의 무관심에 대해 다음과 같은 말로 응수하기까지 했다.

> 우리는 다시금 교리가 핵심 문제가 되는 영역에서 살아갈 용기를 내야 한다. 그리고 우리는 사람들이 신학에 관심이 있다는 사실을 확신할 수 있다. 신학에 대한 사람들의 관심이 얼마나 지대한가 하면, 콘스탄티노플에서 저잣거리 아낙네들이 유사한 본성homoiousios과 동일한 본성homoousios 간의 차이를 두고 벌이는 논쟁을 보면 될 것이다.[15]

되는 부분은 전부 엉터리입니다."
15 325년 개최된 니케아 공의회 이후 기독교 교회 내에서는 삼위일체의 제1위격과 제2위격, 즉 성부와 성자가 어떤 관계를 맺고 있는가를 둘러싸고 격렬한 논쟁이 벌어진다. 성

그렇지만 이 진술은 신학의 탈정치화보다는 오히려 혁명에 더 적합하다. 물론 페테르존은 당시 이런 방식의 정치-신학적인 여러 시위들에서 사제들의 반란Mönchsrevolten이 핵심 사안으로 떠올랐다는 사실을 몰랐던 것 같다. 기독교 교회의 주교, 평화와 질서를 사랑한 카이사레아의 주교 에우세비우스는 소요자들의 편에 서지 않았고, 콘스탄티노플과 동유럽의 여러 도시들에서 소요를 일으킨 "저잣거리 아낙네들"은 신학적으로 특별한 카리스마를 갖추지 못했다.

앞서 말했듯이, 우리의 관심사는 "정치적 유일신교"에 관한 페테르존의 1935년 논문이다. 이 논문 역시 위기 상황 속에서, 즉 1933년 권력을 잡은 후 전체주의적 지배를 획책한 히틀러의 나치 정권이 초래한 새로운 위기 상황 속에서 쓰인 것이다. 새로운 위기는 기독교의 모든 교파, 즉 프로테스탄트와 가톨릭을 한꺼번에 덮쳤다. 물론 위기가 덮쳐온 방식은 달랐다. 왜냐하면 가톨릭교회는 1933년에 히틀러와 제국종교협약Reichskonkordat을 맺었기 때문이다. 1935년의 논문은 이 위기를 명시적으로 또 **전문적으로**ex professo 다루지 않고, 대신——이렇게 말해도 된다면——낯설게 하기 기법을 써서 다룬다. 즉, 이 논문에서 페테르존은 역사적·신학적·문헌학적 현학을 뽐내며 글의 소재를 초기 로마제국으로 한정한다. 정치신학의 문제와 관련하여 결정적인 사실은 페테르존이 아우구스티누스의 두 제국 이론, 즉 두 개의 서로

자는 성부와 '동일한' 본성을 지닌 '동일한' 존재라는 입장(homoousianism)과, 성부는 근본적으로 다른 어떤 존재와 결코 비교할 수 없는 신이므로 성자는 다만 성부와 '유사한' 본성을 가진 존재라는 입장(homoianism)으로 크게 나뉜다. 두 입장을 화해시키려는 시도(homoiousianism)가 일찍부터 있었으나 얼마 못 가 실패하고 만다. ― 옮긴이

다른 "도성"(신의 도성과 지상의 도성)에 관한 담론으로 기독교 중세 및 종교개혁 시기에 제도화된 이론에만 의지할 뿐, 교회-국가-사회라는 복합체의 문제로서 발생한 근대의 위기를 무시한다는 것이다. 실체 혹은 실질의 차원에서 두 "제국"은 더 이상 명확히 구별할 수 있는 영역이 아니다. 이제 정신적[영적]인 것 대 세속적인 것, 피안 대 차안, 초월 대 내재, 이념 대 관심, 상부구조 대 하부구조 등의 대립은 싸움의 주체가 누구인가에 따라 제각기 달리 규정되기에 이르렀다. 전통의 "벽"이 무너진 이후, 다시 말해 혁명 계급이 교회와 국가처럼 역사적으로 존립해온 전래의 제도들을 의문에 부치는 데 성공한 이후, 총체성은 사실상 논쟁점 혹은 논쟁 사안이 무엇이냐에 따라 저마다 나름의 방식대로 달성해야 하는 [어떤 주관적인 목표 같은] 것이 되고 말았다.

[정치와 종교를 분리하는] 전래의 제도화 방식은 1814~1815년 빈 Wien 회의를 통해 복권된 이후부터 제1차 세계대전(1914~1918년) 시기까지는, 적어도 표면상으로는, 여전히 타당한 것으로 받아들여졌다. 자유주의가 꽃핀 19세기에도 여전히 사람들은 종교는 "순수하고" "깨끗한" 것이므로 정치와 분리되어야 한다는 믿음을 간직할 수 있었던 것이다. 종교, 이것은 교회의 문제이거나 아니면 순수하게 사적인 문제였다. 하지만 정치는 국가의 문제였다. 교회와 국가는 끊임없이 권력 다툼을 벌이는 관계였지만, 그래도 [아직은] 구별 가능한 [별개의] 영역이었다. 서로 뚜렷이 구분되는 조직과 심급을 갖춘 상태에서 양자가 정치적 공론장 내에서 [실질적인] 영향력을 발휘하는 세력으로서 활동할 수 있었기 때문이다. 그런 한에서 사람들은 종교는 교회의 관점에서, 또 정치는 국가의 관점에서 각기 별개의 사안으로 규정할 수

있었다. [그러나] 격변의 시기가 도래했고, 전래의 개념들로 축조된 건물들은 붕괴되기 시작했다. 이것은 **국가**가 **정치적인 것**의 **독점권**을 상실하면서 서로 투쟁하는 여러 정치 세력들이 그것을 두고 다투기 시작했을 때, 무엇보다 혁명 계급으로서 산업 프롤레타리아트가 정치적인 것의 새로운 실질적 주체가 되었을 때 발생한 일이다.

나는 이 과정을 『독재: 근대 주권사유의 시초에서부터 프롤레타리아 계급투쟁까지』 *Die Diktatur, von den Anfängen des modernen Souveränitäts-Gedankens bis zum proletarischen Klassenkampf* (1921)에서 검토한 바 있다. 그렇지만 그 검토 결과를 개념적으로 정식화하는 작업은 1927년의 논문 「정치적인 것의 개념」 "Der Begriff des Politischen"에 이르러서야 가능했다. 그래서 이 논문——처음 게재된 곳은 『사회과학 및 사회정치 논총』(1927년 8월)이었다——은 다음과 같은 문장으로 시작한다. "국가의 개념은 정치적인 것의 개념을 전제한다." 내가 이 논문의 후속편으로 집필한 체계적인 저작이 '국가Staats론'이 아닌 『헌법론』 *Verfassungs*lehre(1928)인 까닭이 여기에 있다. 달리 말하자면, 오늘날 정치적인 것은 더 이상 국가에서 출발해서 정의할 수 없다는 것이다. 거꾸로 만약 오늘날 국가라고 부를 수 있는 것이 존재한다면, 오히려 그것이 정치적인 것에 의해 규정되고 개념화되어야 한다. 그러나 오늘날 정치적인 것의 기준을 정하는 문제는 아직 새로운 실체, 새로운 "내용"으로, 그러니까 새로운 독립적인 주제 분야로서 인정받지 못하고 있다. [정치적인 것의 개념과 관련하여] 학문적으로 인정할 수 있는 유일한 기준은 연합Assoziation 혹은 분열Dissoziation의 강도, 즉 적과 동지의 구분이다.

교회와 국가가 정치적인 것으로 전환[수렴]되는 역사를 너무 소략하게 짚고 넘어가는 것에 대해 독자제현께 양해를 구한다. [하지만] 작금의 [여러] 논의에서 목도되는 혼란을 고려할 때, 서로 제대로 소통하면서 생산적인 토론을 가능케 하는 성찰의 단계에 다다르게 해줄 수 있는 방법은 사실상 없어 보인다. 「교회의 정치적 명령?」[16]이라는 논문에서 에른스트-볼프강 뵈켄푀르데는 오늘날의 문제적인 상황을 다음과 같이 요약한다.

> 오늘날 정치적 좌파와 좌파 성향의 신학자들이 발견한 것은 사실 칼 슈미트가 이미 40년 전에 간파하여 언명했던 것이다. 즉 정치적인 것은 규정할 수 있는 어떤 대상을 따로 갖는 것이 아니라 연합과 분열의 강도를 가리킨다는 사실이 그것이다. 그것은 사회 내에서 주어진 상황 및 관계에 따라 모든 분야와 영역에서 **소재**를 취할 수 있다. 따라서 새로운 중립적 객관성, 정치 이전의 자연법 혹은 기독교의 순수한 복음 전도 따위에 기댄다고 해서 정치적인 것을 회피할 수 있는 것이 아니다. 이러한 입장 역시 정치적인 것의 역학 관계로 들어갈 경우 정치적으로 유의미한 하나의 입장이 된다. 경험상으로 그리고 분석적으로 고찰할 경우 이것은 이론의 여지없이 옳다. [그러나] 세속의 일반 공론장과 교회 공론장은 [아직도] 이러한 통찰을 받아들이지 않고 있는데, 그 까닭이 궁금할 따름이다.

---

16 에른스트-볼프강 뵈켄푀르데, 「교회의 정치적 명령?」, 『시대의 목소리』("Politisches Mandat der Kirche?", *Stimmen der Zeit*, vol.148, Dec 1969, pp.361~372).

뵈켄푀르데의 논문 [역시] "한스 바리온의 고희를 기념하여" 그에게 헌정된 것이다. 이제 정치신학의 문제에 대해 바리온이 어떤 입장을 취하는지 알아보도록 하자.

2장 한스 바리온의 정치신학 비판

앞서 언급된 맥락에 이어 이제 제2차 바티칸 공의회에서 의결된 진보적 국가론에 대한 바리온의 비판에 집중하기로 하자. 공의회에 관한 그의 다섯 가지 연구에 포함되어 있는 이 비판은 특히 공의회 사목 헌장 제74항 「세상 속의 교회에 관하여」"Von der Kirche in der Welt"를 분석한 것이다. 이 교회법학자는 두 가지 질문을 제출한다. 첫째, 바티칸 공의회의 진보적 국가관은 정치신학인가? 둘째, 그것은 신학인가?

바리온의 대답은 다음과 같다.

그것은 "정치신학이다. 왜냐하면 하나의 특정한 정치적 모델을 교리로 만들었기 때문이다. 그러나 바로 이 때문에 그것은 신학적으로 정당하지 못한 것이며, 따라서 신학이 될 수 없다. 왜냐하면 계시는 그러한 모델을 알지 못하기 때문이다. 무릇 모든 정치적인 승인은 십계명이 허락하는 한에서만 가능하며, 따라서 1세기 로마제국의 승인은 한

갓 사실적인 차원에서 이뤄진 것일 뿐이다". (p.51)

바리온은 성 아우구스티누스가 주창한 두 제국의 구분에 근거하여 신학과 정치를 구분하고 있다(p.17). 페테르존 역시 성 아우구스티누스의 이론에 근거하여 정치신학은 모두 처리되었다는 주장을 제기했다. 이 점에 있어서 두 신학자는 일치하는 것 같다. 그러나 페테르존이 바티칸 공의회의 진보적 테제에 대한 바리온의 비판에 동의했는지 그렇지 않았는지는 별개의 문제이며, 여기서 우리의 관심사도 아니다.

바리온의 연구는 제2차 바티칸 공의회의 진보적 사회 교리에 대한 비판 외에 1923년에 출간된 나의 시론試論『로마 가톨릭주의와 정치형식』*Römischer Katholizismus und politische Form*에 대한 날카로운 분석도 포함하고 있다. 물론 나의 글은 교회의 공식 교리와는 전혀 다른 것이다.[1] 박식한 교회학자이자 교회법학자인 바리온은 나의 시론을 찬가

---

1 나의 이 시론은 「교회의 가시성」("Die Sichtbarkeit der Kirche", *Summa*, 1917)이라는 논문과 당시 [내가 교제하던] 서로 상당히 이질적이었던 친구들, 즉 테오도어 해커(Theodor Haecker), 콘라트 바이스(Konrad Weiß), 프란츠 블라이(Franz Blei) 등과 나눈 대화에서 유래한 것이다. 프란츠 블라이와 야콥 헤그너(Jakob Hegner)가 책간한 덕에 출간된 이 글이 유명해진 까닭은 첫 번째 문장 때문이다. "반-로마적 정서가 존재한다"(Es gibt einen anti-römischen Affekt). 이 문장은 당시 생생하게 살아 있던 반-로마적 정서를 [더욱] 자극했다. [루트비히] 카스(Ludwig Kaas) 주교는 독일 제국의회에서 [에리히] 루덴도르프(Erich Ludendorff)를 겨냥하여 이 말을 인용하기도 했다. 나의 시론은 교회가 특정한 정치적 통일 형태(군주제 혹은 민주주의)와 갖는 친연성에 대해 이야기하는 것이 아니다. 그것은 로마 교회가 역사적인 현실 속에서 인간[의 몸]으로 오신 그리스도를 대표하는 유일무이한 세계사적 정치 형태라는 점을 변론하는 글이다. 로마 가톨릭교회가 공론장에 등장하는 것은 [크게] 세 가지 형식을 통해서이다. [첫째,] 위대한 예술을 통해 구현되는 미적 형식을 통해서. [둘째,] 교회법의 형성을 통한 법적 형식을 통해서. [셋째,] 화려하고 영광스러운 세계사적 권력 형식으로서.

Elogium라고 불렀는데, 이것은 어쩌면 맞는 말이다. 그 글에는 확실히 수사적인 측면이 있다. 아래에서 우리는 페테르존이 정치신학의 부정적 모델인 카이사레아의 주교, 콘스탄티누스 대제의 예찬자 에우세비우스를 **수사학자**로 규정하고 그의 찬가를 **엔코미온**[2]이라 명명하면서 이로부터 신학을 어떻게 분리해냈는지를 보게 될 것이다. 에우세비우스의 계보에 속한다는 것은 나에게는 분에 넘치는 명예이다. 비록 비신학적 견지에서 그랬던 것이지만, 그래도 바리온의 언급은 나의 입장에 대한 긍정적 승인을 함축하고 있으며, 나로서는 이것을 마다할 이유가 없다. 게다가 페테르존과 달리 바리온은 그 글이 시대적, 내용적, 체계적인 측면에서 1919년에서 1927년 사이에 출간된 나의 [여타] 법학적 작업들과 긴밀히 연계되어 있다는 사실을 부인하지 않고 오히려 강조한다.[3]

그런 다음 바리온은 1923년에 출간된 나의 글, 로마 교회에 헌정된 나의 찬가를 세계사적 공론장에 우뚝 솟은 하나의 현상으로 규정하

---

2 엔코미온(Enkomion). 고대 그리스에서 영웅적인 인물 혹은 명사를 칭송하기 위해 지어진 시 혹은 글을 가리키는 말로, 라틴어로는 엔코미움(Encomium)이라 한다. ─ 옮긴이

3 여기서 이야기하는 법학적 작업이란 비단 [일련의] 논문들에 국한된 것이 아니라, 보다 포괄적인 저서들, 가령 『정치적 낭만주의』(Politische Romantik, 1919), 『독재: 근대 주권사유의 시초에서부터 프롤레타리아 계급투쟁까지』, 그리고 『현대 의회주의의 정신사적 상황』(Die geistesgeschichtliche Lage des heutigen Parlamentarismus, 1923)의 마지막 두 장까지 포함하는 것이다. 이 저서들은 모두 시대적, 내용적, 체계적 차원에서 [나의] 1922년 저서 『정치신학』과 [밀접하게] 연관된다. 이 점과 관련하여 산발적인 관심을 보이는 데 그치지 않고 체계적인 논박을 시도한 유일한 인물은 **후고 발**(Hugo Ball)이다. 발은 [사제] 계급에 속하지 않았으며, 그렇다고 직업 신학자나 직업 법학자도 아니었다. 가톨릭 잡지 『높은 땅』 1924년 6월호에 실린 그의 논문 「정치신학」은 오늘날까지도 비판적인 독자를 놀라게 만드는 글이다. 1927년 9월에 작고한 발은 「정치적인 것의 개념」(1927)에 대한 나의 논의를 읽을 수 없었다.

면서,[4] 그 글이 교황 피우스 12세가 서거한 1958년에 쓰였다고 해도 전혀 이상할 것이 없다고 주장한다. 그러나 그 글에 담긴 진리는 교황 요한 23세가 "현대화[개혁과 쇄신]"aggiornamento를 주창함으로써 일거에 무너졌다. 제2차 바티칸 공의회가 나의 찬가를 토대부터 깡그리 무너뜨렸다는 것이다(p.19). 그래서 바리온은 제 글의 제목에 들어 있는 "정치적 권력 형식"이라는 문구 뒤에 물음표를 달아놓았다.[5] 로마 가톨릭 교회가 패권을 쥐던 시대는 지나갔고, 내가 그 시론에서 이야기한 세계사적 권력 형식의 빛나던 광휘는 그저 "웃자란 세계사의 빛나는 광휘"에 지나지 않게 되어버렸다는 것이다(p.51).

이상이 신학자 바리온, 더 정확하게는 교회학자이자 교회법학자인 바리온의 견해이다. 그의 결론은 신학자이자 주석가인 페테르존의 결론과 일치하는 듯 보인다. 두 사람 모두 성 아우구스티누스의 두 제국 이론에 토대를 두고 있을 뿐 아니라, 로마제국과 [로마] 교회 사이 연속성에 기초한 전통을 거부하면서 이를 두고 그것은 "정치신학일

---

4 오늘날(1969년)에도 여전히 현재성을 갖는 공론장의 문제와 관련해서는 칼 에쉬바일러가 『종교적 분별』이라는 잡지에 기고한 논문 「정치신학」(Karl Eschweiler, "Politische Theologie", *Religiöse Besinnung*, vol.2, Stuttgart, 1931~1932, p.78)의 한 대목이 여일하게 주목을 끌고 있다. "무기에 의한 권력이 아니라 오직 [믿음의] 증언이 갖는 권위에 의해 지탱되며 진리를 위해 존재하는 예수의 왕국은 그 어느 시대에도 한낱 사적인 문제에 불과했던 적이 없다. 250년 동안 이교 제국을 분노하게 만든 것은 내면의 생각과 감정이 아니었다. 순교자 교회는 원리상 국가로부터 독립된 사회로서, 이 사회는 사상의 자유나 비밀스러운 혁명적 실천 따위에 의해 설명될 수 있는 것이 아니다. 순교자 교회는 카타콤베 시절부터 이미 본래적인 의미에서의 교회였다. 즉 그것은 절대주의 이교 국가로서는 결코 용납할 수 없는 [독립된] 공적 질서를 가진 고유한 영역이었던 것이다."
5 이는 원서의 오류이다. 여기서 언급하고 있는 한스 바리온의 글 제목은 본서 9쪽 각주 5번에서 언급한 「세계사적 권력 형식? 제2차 바티칸 공의회의 정치신학에 대한 연구」이다.—옮긴이

뿐 신학은 아니"라고 주장한다. 교회법학자는 과연 대가다운 솜씨로 기독교 정치신학의 가능성을 일체 부정해온 1500년의 역사를 단 몇 줄의 문장으로 요약하여 설명한다(p.17). 이 부정의 역사는 "신약성서에 기록된 두 제국 이론에서 출발하여 고대 교회 시대로 와서는 아우구스티누스에게서 최고의 대변자를 발견한 다음 [마르틴] 루터에 이르러 정점을 찍는다". [이후 이 역사는] 계몽주의와 탈신학화Enttheologisierung——"이는 진보 신학 진영에서는 세속화라고 여길 만한 것인데"——를 촉진한 오귀스트 콩트의 3단계 법칙을 거쳐 정신적[영적]인 것과 세속적인 것, 신학과 정치의 완전한 분리로 귀착된다(『에피로시스』, p.17). 교회사가이자 콘스탄티누스 대제의 예찬자인 에우세비우스와 라틴 교부 아우구스티누스를 대결시켰던 페테르존은 아마 바리온의 결론에 동의했을 것이다. 물론 페테르존이라면 루터의 이름을 성 아우구스티누스의 이름과 나란히 묶어놓지는 않았겠지만 말이다.

그런데 바리온의 연구는 단지 나의 시론 『로마 가톨릭주의』만을 언급하고 있는 데 반해, 페테르존의 (결론에 딸린) 마지막 주석은 그와는 전혀 다른 성격의 저작, 즉 순수하게 법학적인 저작, 그러니까 1922년 출간된 나의 『정치신학』을 대상으로 삼고 있다. 바리온은 이를 분명히 의식하고 있었다. 그는 페테르존의 논문과 대결하는 작업을 필수적인 일로 여기긴 했지만, 당시에는(1968년) "그 글이 오늘날에는 거의 참조 대상이 되지 못한다"고 말했다(p.54). 그러나 그 사이 페테르존의 전설이 오늘날에도 여전히 생생히 살아 있다는 사실이 분명해졌으며, 이를 인지한 바리온은 1969년 2월에 이미 그 발언을 철회하였다.

3장 최종 처리 전설의 현재적 시사성
─한스 마이어, 에른스트 파일, 에른스트 토피취

1969년 2월에 출간된 『시대의 목소리』에 게재한 「정치신학」이라는 논문에서, 뮌헨의 선도적인 정치학자 한스 마이어[1]는 "요즘 유행하는 '정치신학'이라는 슬로건"뿐 아니라 [이른바] "혁명의 신학"에 대해 설교하는 가톨릭 및 프로테스탄트 신학자들의 온갖 이론 및 행동 강령들에 대하여 반대 의견을 개진한 바 있다. 마이어의 비판적 논박이 과녁으로 삼은 일차 대상은 가톨릭 신학자 메츠[2]가 노골적으로 **정치신학**이라는 명칭을 내세우며 제시한 이론이었다. 『세계 신학을 위하여』*Zur Theologie der Welt*(1968)라는 책에서 메츠는 개인주의를 탈피한 공적인

---

1 한스 마이어(Hans Maier, 1931~). 독일의 정치학자. 1970년부터 1986년까지 독일 바이에른 주 문화교육부 장관을 지냈다. ─옮긴이
2 요한 밥티스트 메츠(Johann Baptist Metz, 1928~2019). 독일의 가톨릭 신학자. 저명한 신학자 칼 라너(Karl Rahner)의 제자이다. ─옮긴이

신앙고백 및 실천을 요청하면서 교회는 기독교의 종말론적 유보 신앙에 근거하여 사회 비판을 하나의 제도로 정착시켜야 한다고 주장한다. 이 주장을 펼치기 위해 메츠는 명시적으로 **정치신학**이라는 용어를 사용했던 것이다. 이를 두고 마이어는 "이미 용도가 폐기된 개념을 이용한 [부적절한] 시도"라고 말한다. 왜냐하면 기독교 정치신학이라는 개념은 삼위일체 교리로 인해 출발부터 불가능한 것이 되고 말았기 때문이다. "따라서 기독교 세계에서 정치신학의 역사는 동시에 정치신학이 계속해서 파괴되어온 역사이기도 하다"(p.76). 마이어가 의지하는 신학적인 권위 및 학문적인 증인은 [다름 아닌] 에릭 페테르존이다. 『시대의 목소리』 1969년 2월호에 게재된 마이어의 논문은 페테르존의 최종 결론을 인용하는 것으로 마무리된다. 인용에 앞서 마이어는 페테르존의 글은 나치 시대 초기에 [특히] **칼 슈미트를 겨냥해서 쓰여진 것**이라고 적어놓았다. 페테르존의 글을 직접 인용한 뒤 그는 다음과 같이 덧붙인다.

오늘날에 와서도 (페테르존의) 이 글에 딱히 덧붙일 말은 없다. 그의 글이 계속해서 시사성을 가질 거라는 점을 일러두는 것 외에는 말이다. 왜냐하면 요즈음의 새로운 정치신학이란 이전의 정치신학이 [마르크스주의] **변증법**을 통해 세속화된 변종에 지나지 않기 때문이다. 여기에 맞서서 교회의 정당한 독립성, 정신적[영적]인 것과 세속적인 것의 분리, 교회와 사회의 명확한 분리를 선언하는 것은 가톨릭 신자의 정당한 임무다. 특히 이것은 오늘날과 같은 종교 위기, 교회 위기의 시대에 올곧은 정신을 구별해 내는 능력을 가진 가톨릭 신자가 해야 할 일이다. 나는 그들을 위해 이 글을 쓴 것이다.

　반면 가톨릭 신학자 에른스트 파일[3]은 메츠의 정치신학을 옹호한다. (1969년에 파일 자신과 루돌프 베트Rudolf Weth가 함께 편집한) 논문집 『혁명의 신학에 관한 논의』*Diskussion zur Theologie der Revolution*에 기고한 논문에서 파일은 정치신학에서 혁명의 신학으로 넘어가는 길을 모색하고 있다. 하지만 그는 혁명 자체(당연히 여기서 혁명이란 **구체적으로**in concreto 프랑스 대혁명과 그에 뒤이은 마르크스주의 혁명들을 일컫는 것이다)를 역사 속에서의 신의 현현으로 보려는 시도에 대해서는 조심스러운 태도를 취한다. 파일은 "두 제국 이론에 관한 온갖 그릇된 견해"들에 대해 경고하면서 동시에 "혁명의 신학"을 거부하는 것이 곧 혁명을 거부하는 것은 결코 아니라는 점을 강조한다. 어쨌든 분명한 사실은 파일이 **반혁명**의 정치신학, **복고**의 정치신학, **전통**의 정치신학을 단호히 거부한다는 점이다. 파일 역시 모든 정치신학을 완전히 처리했다는 페테르존의 전설에 의지하고 있다. 놀라운 사실은 역사에 대해 나름대로 안목을 가진 파일이 16세기 및 17세기의 프로테스탄트 종교개혁, [그로 인한] 수많은 종교전쟁, 그리고 반혁명의 특수한 정치-신학적 성격에 대해서는 일언반구도 하지 않은 채 **토머스 홉스**를 호명한다는 점이다. 그는 프랑스 대혁명의 **혁명법**jus revolutionis이 어느 정도로 프로테스탄트 종교개혁의 **개혁법**jus reformandi을 탈신학화하여 계승했는지에 대해 전혀 모르고 있다. 파일은 [다른 여러 측면에서는]

---

3 에른스트 파일(Ernst Feil, 1932~2013). 독일의 로마 가톨릭 신학자. — 옮긴이

신중하고 주의 깊은 논변을 펼치지만, [유독] 반혁명의 정치신학에 대해서만큼은 [단호하고] 확실하게 판결을 내린다. 반종교개혁과 반혁명을 나란히 두고 보는 것이 얼마나 위험한 일인지 파일은 모르는 것 같다. 그는 또한 모든 것을 결정하는 홉스의 질문, 즉 "**누가 결정하는가? 누가 해석하는가?**"Quis judicabit? Quis interpretabitur?라는 질문은 누구도 회피할 수 없는 것이라는 사실을 깨닫지 못하고 있다.

파일 역시 모든 정치신학을 처리했다는 페테르존의 전설에 기대고 있다. 그러나 그는 "복고적 정치신학"이라는 제한을 둔다. 그의 결론은 "아주 명확하다". 반혁명의 정치신학([조제프] 드 메스트르de Maistre, [루이 드] 보날Bonald, [후안] 도노소 코르테스Donoso Cortés)[4]은 용어의 차원에서든 내용의 차원에서든 고대 이교 정치신학의 재건에 지나지 않는다는 것이다. "그것은 이미 붕괴된 정치형태를 보존하기 위한 것이었다." 바꿔 말하자면 이런 것이다. "**화 있을진저, 패배자여!**"Vae Victis! 다른 모든 불행에 더하여 패배자는 심지어 정치신학의 가능성마저 박탈당하는 것이다. "슈미트에 의해 (적어도 근본적인 차원에서) 정치신학의 개념이 긍정적으로 평가된 이래 이 평가에 동의한 사람은 아무도 없었다."

파일의 논의는 (예컨대 프로테스탄트 신학자 위르겐 몰트만[5]의 경우처럼) '신학 내적인' 기준들과는 아무런 관련이 없고, 혁명과 반혁명 따

---

4 슈미트, 『정치신학』, 제4장 「반혁명 국가철학에 관하여」 참조. — 옮긴이
5 위르겐 몰트만(Jürgen Moltmann, 1926~). 독일의 복음주의 신학자. 이른바 '희망의 신학'을 주창한 신학자로 한국에도 널리 알려져 있다. 그의 신학에 대한 여러 2차 서적뿐 아니라, 총 17권으로 구성된 몰트만 선집이 한국어로 번역되어 있다. — 옮긴이

위의 실제 정치적·역사적 사건들에 대한 평가와 관련된 것이다. 여기서 **가치평가**Bewertung라는 단어는 특히 시사적이다. 혁명 대 반동, 미래 대 과거, 새로움과 낡음 등의 대립은 [이제] 가치평가의 문제가 되었으며, 성 아우구스티누스가 말한 두 개의 제국은 가치철학Wertphilosophie적인 의미에서 평가의 영역으로 변화했다. 그러므로 반-갈리아주의자이자 로마 가톨릭주의 사상가인 드 메스트르, 보날, 도노소 등이 에우세비우스주의자, 황제-교황주의자, 아리우스주의자 등으로 분류되는 것은 전혀 놀라운 일이 아니다. 가치의 의의와 의미, 가치의 가치와 본질은 그것의 전환가능성에 있다. 오늘 새로운 것이 내일은 낡은 것이 된다. 이 지점에서 파일은 [가령] **다비드 프리드리히 슈트라우스**[6]와 같은 19세기 진보 사상가들에게 아주 가까이 다가서는데, 이는 예사롭지 않은 일이다. 이들에게 기독교는 고대 이교도들의 다신주의에 견주어 혁명적으로 새로운 것이었다. 기독교 일신주의는 이교 다신주의와 다원주의에 맞선 진보였던 것이다. 배교자 율리아누스[7]는 낭만주의자이며 반동이었던 반면, 성 아타나시우스[8]는 혁명가였다. [하지만] 오늘날에는 사정이 뒤바뀌었다. 이제는 전통적인 [제도로서의] 교회 기독교가 낡은 반동이고, 진보 사상이 새로운 것이 되었다. 슈트라우스는 일종의 새로운 이데올로기, 새로운 시대[근대]Neuzeit의 이데올로기, 혹은 "새로운 것의 정치신학"이라 부를 만한 것의 고전적인 사례에 해당

---

6 다비드 프리드리히 슈트라우스(David Friedrich Strauß, 1808~1874). 독일의 철학자. 수많은 논란을 불러일으킨 『예수의 생애』의 저자로 유명하다. — 옮긴이
7 배교자 율리아누스(Julian der Apostat, 331/332~363). 로마 황제, 철학자. — 옮긴이
8 성 아타나시우스(der heilige Athanasius, 300~373). 알렉산드리아의 교부. — 옮긴이

하는 인물인데, 그의 신학은——브루노 바우어의 정치신학과는 달리
——"비-비판적인" 정치신학이라 불려야 마땅할 것이다.[9]

저 세 명의 로마-가톨릭 반혁명 사상가들이 당대의 정치적, 사회
적 발전 상황과 관련하여 취한 입장을 두고 파일은 "비-비판적인 정체

---

9 "카이사르의 권좌에 오른 낭만주의자", 즉 배교자 율리아누스에 관한 다비드 프리드리히
슈트라우스의 글은 1847년 만하임에서 출간되었다. 나의 책 『정치적 낭만주의』에 실린
글 「보론: 『카이사르의 권좌에 오른 낭만주의자』에 관하여」를 참고하라("Exkurs über den
Romantiker auf dem Throne der Cäsaren", *Politische Romantik*, 3rd ed., pp. 210~221). [지
금] 우리의 맥락에서 특별히 도움이 되는 부분은 221쪽이다. "우리는 다만 여기서 신파
와 구파로 나뉘어 대립하는 파당이란 것이 도대체 무엇인지를 분명히 밝히기만 하면 된
다. 그러면 율리아누스의 종교적 논변과 복고파 낭만주의자들의 논변 간의 차이를 즉각
알 수 있다. 이 황제는 종교적 신앙이라는 자신의 적에 대해 [또 다른] 종교적 논변으로 맞
섰던 것이다. 신학자연하는 이 낭만주의자는 정치적인 논의를 피하기 위해 종교적인 강
변으로 일관했다. 그리고 이때 신학은 그에게 낭만적인 알리바이가 되어주었다. […]" 또
한 나의 책 『도노소 코르테스』(*Donoso Cortés*, 1950, pp. 97~98)를 참고하라(이 부분은 원
래 1927년에 쓴 논문이다). "여기서 슈트라우스 사유의 과정은 너무도 미개해서 심지어 대
중의 신앙과 전혀 다를 게 없다고 해도 될 정도이다. 즉, [이제] 낡은 것은 가고 새로운 것
이 온다는 식이다. 기독교는 낡은 것이고 오늘날 우리가 믿는 모든 것, 즉 진보, 학문의 자
유 따위는 새로운 것이다. [이런 사유의] 실제적인 귀결은 뻔하다. 이 모든 것이 마치 진품
처럼 취급되어 [사상과 이론의] 유래를 부풀려 소개하는 파레토(Vilfredo Pareto)의 박물관
에 진열될 것이다. [에르네스트] 르낭(Ernest Renan) 역시 슈트라우스처럼 예수의 생애를
신화로 취급했지만, 그의 감각은 [슈트라우스의 그것에 비해] 훨씬 더 세련된 것이다. 하지
만 동시에 더 비관적이기도 하다. 그러나 여기서 [미적] 감각의 좋고 나쁨을 따지는 것은
한갓 부차적인 일이다. 더 중요한 것은 두 신화학자가 신봉하는 신화 자체이다. 낡은 것에
대한 새로운 것의 투쟁은 시대를 초월하는 신화의 주제다. [가령] 크로노스는 우라노스에
맞섰고, 제우스는 크로노스에 맞섰으며, 헤라클레스는 제우스와 거인 투리오스(Thurios),
즉 게르만 [신화의 신] 토르에 맞섰고, 녹색 용은 적색 용에 맞섰다. 이와 같은 투쟁이 [이
제] 두 진보적인 성서비평가, 즉 슈트라우스와 르낭에게 와서는 자아도취적인 유행을 따
르는 진부한 일처럼 되고 말았다. 이러한 측면에서 더 도드라지는 것은 물론 슈트라우스
다. 그에게 새로운 것이란 자기 자신과 자신의 시대에 대해 유달리 만족하는 것을 의미한
다. 그는 (즉, 다비드 프리드리히 슈트라우스는) 승리자의 만족감을 느끼며 자신에게 주어진
유예 기간을 즐긴다. 그 시간만큼은 자신이 새로운 것의 대변자 노릇을 할 수 있기 때문이
다. 이미 말했다시피, [그의 사상은] 미개하다. 하지만 바로 그렇기 때문에 그것은 실증주
의의 세기에 대중의 신화로 등극할 수 있었던 것이다."

성 확인 작업"이라 명명한다. [여기서] 정체성 확인이라는 것은, 진정한 참여Engagement를 하는 모든 이들이 그렇듯이, 세 사상가 역시 그들이 기치를 올리고 지키려 한 것에 의해 실존적으로 구속되어 있었다는 뜻이다. 그들이 비-비판적이었던 까닭은 교회의 권위를 정당한 것으로 믿고 거기에 굴종했기 때문이다. 확실히 페테르존 역시 이들과 똑같이 행동했다. 어쨌든 그들 세 사람은 매우 지적인 비평가였고 훌륭한 사회학자였다. 어쩌면 그들을 현대 사회학의 아버지로 보아도 무방할 것이다. 오귀스트 콩트는 생시몽뿐 아니라 드 메스트르에게도 영향을 받았다. 보날에 대해서는 흥미로운 연구가 출간되어 있는데, 파일 역시 이 책을 인용하고 있다(p.124, 각주 45번). 이 책의 제목은 『복고의 정신에서 출현한 사회학의 원천』이다.[10] 도노소의 기독교 종말론은 젊은 시절 그를 사로잡은 앙리 드 생시몽 백작의 역사철학에서 벗어나려는 노력으로 보아야만 비로소 이해 가능하다. [에드먼드] 버크 같은 반혁명가의 사상은 그저 허울 좋은 수사일 뿐이며, 그의 논변은 저 세 가톨릭 사상가의 날카로운 비판에 견주면 한갓 [나약한] 항변에 지나지 않는다. 도노소의 글이 제아무리 수사修辭가 심하다 한들, 그렇다고 해서 이 사실이 바뀌는 것은 아니다.

---

10 로베르트 슈페만, 『보날과 복고의 철학』(Robert Spaemann, *De Bonald und die Philosophie der Restauration*, PhD dissertation, Münster, 1952). 이 논문은 『복고의 정신에서 태어난 사회학의 원천. 루이 드 보날에 관한 연구』라는 제하[의 단행본으]로 1959년 뮌헨에서 출간되었다(*Der Ursprung der Soziologie aus dem Geist der Restauration. Studien über L. G. A. de Bonald*, München, 1959). 다음 문장은 보날에게서 유래한다. "현실은 사회 속에 그리고 역사 속에 있다." 나의 『정치적 낭만주의』에서 「현실에 대한 탐구」부분을 참조하라("La recherche de la Réalité", *Politische Romantik*, p.89).

에른스트 파일은 오늘날 "전통적인 정치신학이 실패하면서 신앙과 정치적 행위 간의 관계에 대한 질문은 처리된 것이 아니라 오히려 새롭게 제기되고" 있다고 생각했다. 그렇기 때문에 그는 "종말론 신앙을 지향하는 바탕 위에서 비판적인 거리를 유지하면서 기독교 신앙은 과연 사회와 어떤 관계를 맺어야 하는가를 거듭 물었던" 메츠가 옳다고 주장한다. 종말론적 지향이란 "현 사회에 주어진 조건들 안에서 종말론적 복음을 도출해내는" 것이다. 이 말은 구체적으로 무슨 뜻인가? 지금 우리 사회는 진보적인 사회, 고삐 풀린 진보의 사회다. 이 진보는 과학과 학문을 가치중립적인 것으로 만들고, 기업들이 거리낌 없이 가치를 상품으로 만들어 팔 수 있도록 하며, 사람들이 마음껏 소비 행위를 할 수 있도록 하는 것을 의미한다. 게다가 우리 사회는 [다양한] 사회 집단들로 이루어진 다원주의 사회로서, 여기서는 모든 것이 복수複數가치적인plurivalent 것이 된다. 마지막으로, 메츠가 말한 것처럼, 우리 사회는 [철저하게] **인간화하는**hominisierend 사회다. 나는 이와 같은 진보적이고 복수가치적이며 인간화하는 사회가 허용할 수 있는 종말론이란 오직 그 사회에 어울리는, 체계 내적이며 진보적이고 복수가치적인 종말론 외에는 없다고 생각한다. 이 종말론은 **인간**이란 서로에게 **인간**homo-homini-homo이라고 주장하는 종말론 외에 다른 것이 아니다. 이것은 기껏해야 스스로 만든 희망의 원리에 기초하여 자신의 가능성을 스스로 산출하는 **숨은 인간**homo absconditus[11]의 유토피아일 뿐이다.

우리의 맥락에서 특별히 흥미로운 사실은 한스 마이어에게 응답

---

11 '숨은 신'(deus absconditus)의 패러디이다. —옮긴이

하는 과정에서 에른스트 파일 역시 페테르존의 전설적인 최종 결론을 차용한다는 점이다. 물론 파일이 그렇게 한 것은 반-갈리아주의자를 황제-교황주의자로 [규정하여] 처리하고, 신중하게 처방된 신학적인 기회들을 혁명의 정치신학에게 넘겨주기 위해서였다. 하지만 파일은 페테르존의 논문에 내재한 근본적인 약점을 감지했다. 그것은 페테르존이 ("정치적 통일"이라는 표현 대신) [설익은] 상투어인 "신성 군주제"Göttliche Monarchie라는 주제에만 함몰되어 해당 주제가 가진 정치적 차원의 문제들, 특히 민주주의의 문제를 일체 도외시하고 있다는 점이다. 하지만 파일이 생각한 것처럼 그렇게 도외시된 부분이 [페테르존 자신이 개시한] 처리 작업으로부터 면제되는 것은 아니다. 이로써 입증되는 한 가지 사실은 페테르존이 제출한 불충분한 자료들로부터는 그와 같은 일반적인 결론이 도출될 수 없다는 것, 그렇게 도매금으로 넘겨버리는 식의 최종 결론은 지불 한도를 초과한 불량어음에 불과하다는 것이다.

가톨릭 신학자 에른스트 파일은 페테르존의 도매금 판결Verdikt에서 민주주의를 제외시킴으로써 정치신학의 처리에 모종의 제한을 가하려 했다. 신실증주의자 **에른스트 토피취**[12]는 일신교-군주제라는 영역을 제거하는 데서 그치지 않고 한 걸음 더 나아가 모든 구체적인 신학을 해체하여 보편적인 비교우주론으로 융합하려 한다. 가톨릭 잡지 『말씀과 진리』에 실린 「우주와 통치 그리고 정치신학의 원천들」[13]이라

---

12 에른스트 토피취(Ernst Topitsch, 1919~2003). 오스트리아의 철학자, 사회학자. —옮긴이

13 에른스트 토피취, 「우주와 통치 그리고 정치신학의 원천들」, 『말씀과 진리』("Kosmos

는 논문에서 토피취는 "정치신학"이라는 슬로건으로 알려져 있는 문
제 영역에는 "그 어떤 상서로운 별도 반짝이지 않는다"고 주장한다.
[여기서] 『로고스』Logos 제11권(1923)에 상재되었던 한스 켈젠[14]의 논
문 「신과 국가」"Gott und Staat"는 별다른 주목을 받지 못한 것으로, 그리
고 "그보다 더 성공적이었던 칼 슈미트의 저작 역시 하나의 명민한 스
케치에 지나지 않는 것"으로 소개되고 있을 따름이다. 그 당시, 그러니
까 1955년의 토피취는 오늘날의 그처럼 아주 저명한 지식사기꾼Scha-
manomache이 아니었다. 나의 1922년 저서를 폄훼한다는 점에서 토피
취는, 마지막 각주에서 나의 책이 내용과 체계의 측면에서 훨씬 포괄
적인 당시의 다른 여러 저서들에 견주어 "체계적이지 못한 소략한 설
명"이라고 말했던 페테르존과 입장을 같이한다. 토피취는 신성 군주
제의 이념이 삼위일체 교리와 맺는 관계를 "전범적으로" 밝혀냈을 뿐
아니라 가톨릭교를 아리우스주의적 제국 이데올로기로부터 "깔끔하
게 분리해냈다"며 페테르존을 높이 평가한다. 그러나 동시에 토피취
는 페테르존의 논의가 정치신학의 "무대 배경"이 되는 이교 신학, 다시
말해 이교적이고 이단적이므로 [함께] 처리되었어야 할 이교 신학 쪽
으로 치우쳐 있다고 비판한다.

　모든 기독교 정치신학을 영구히 처리했다는 페테르존의 주장에
대해 이처럼 비판적인 논평을 가함으로써 토피취는 우리가 제기한 질

und Herrschaft, Ursprünge der politischen Theologie", *Wort und Wahrheit*, vol.1, 1955,
pp.19~30).
14 한스 켈젠(Hans Kelsen, 1881~1973). 오스트리아-헝가리 제국의 법학자. 20세기의 가
장 중요한 법학자 가운데 한 명으로 꼽힌다. 게오르크 옐리네크(Georg Jellinek) 등과 함
께 오스트리아 법실증주의 학파에 속한다. 대표 저서는 『순수 법학』이다.—옮긴이

문의 핵심에 다가서고 있다. 그러니까 그는 페테르존의 논문에 내재된 약점, 구조적 결함 그리고 제시된 자료들과 최종 결론 간의 불일치 등을 간파했기 때문에 [페테르존과는 달리] 순수하게 신학적인 경건함 속으로 후퇴하기를 거부한 것이다. 토피취는 기독교 신학자의 특별한 염원을 중립화——여기서 이 말은 탈신학화를 뜻한다——한다. 대신 그는 중국, 인도, 아시리아, 페르시아 등 고대 세계에서 우주의 운행과 지상의 통치가 일반적으로 어떤 관계에 있었는지에 대해 실로 흥미진진한 설명을 제시한다. 그렇기 때문에 그가 도달한 결론은 화급한 신학-정치적 문제를 회피하는 것일 수밖에 없었다.

삼위일체 교리가 나름의 방식대로 사회학에 의해 신의 이념이 파괴되지 않도록 만들고, 황제-교황주의적 보편국가Universalstaat를 정당화하는 이데올로기로 오용당하는 것을 막아낸 것은 사실이다. 하지만 그교리로부터 어떤 사회 규범을 연역해 내거나 정초하는 것은 전혀 불가능하다.

이것은 매우 혼란스러운 진술이다. 한편으로 그는 페테르존이 옳다고 말하는 듯하지만, 다른 한편으로는 유보적인 입장을 표명하고 있다. 그리고 토피취는 페테르존이 **전범적으로** 설명한바 삼위일체 교리가 아리우스주의적 일신교 개념을 상대로 거둔 승리는 그 자체로 "엄청난 정치적 파급효과를 갖는 것"이라는 점을 분명히 알고 있다 (p.26). [토피취에게는] 결국 모든 것이 규범주의Normativismus 아래 종속되고 만다. 왜냐하면 그는 밑도 끝도 없이 **규범**Normen에 대해서, 즉 노모스Nomos가 아니라 규범에 대해서 이야기하기 때문이다. 그는 교리와 개념에 관해 이야기하지 않는다. [하지만] 구체적이고 역사적인 질서를 확립하는 것은 교리와 개념이다. 그리고 오직 이러한 질서에 의해서만 정당한 결정이 내려질 수 있고, 또한 그 결정을 [올바르게] 해석하고 집행하는 과정 역시 [제대로] 통제될 수 있다.

토피취는 비단 페테르존의 최종 결론에 내재된 약점을 인식하는 데서 그치지 않는다. 그에게는 도무지 가늠하기 어려운 이 문제 영역의 여러 가지 혼란스러운 현상들을 설득력 있게 분류해낸 공로도 있다. 토피취는 정치적 현실이 수직적인 차원과 수평적인 차원을 넘나들면서 종교적인 표상 및 이미지들과 맺는 복잡한 관계를 세 가지 범주로 정리한다. 상징과 알레고리, 유사類似와 유비, 은유 등이 서로 뒤얽히고, 하나의 영역에서 다른 영역으로 투사와 역투사가 어지럽게 이뤄지는 정치적 현실은 [크게] 사회형社會形과 생명형生命形 그리고 기술형技術形으로 분류될 수 있다. 물론 이렇게 분류한다고 해서 저 관계의 문제 자체가 해결되는 것은 아니다. 그러나 그것은 수많은 "반영"Spiegelung과 "역반영"Rückspiegelung──이것이 여기서 우리가 씨름하고 있는 문제이다──이 이루어지는 관계 내의 여러 현상들을 처음으로 질서 있게 정리한 최초의 은유 형태론Morphologie der Metaphorik이라고 할 수 있다. 인간이 인간의 모습을 가진 존재, 즉 인간과 어슷비슷한 그런 존재인 한, 그는 자기 자신 및 자신과 동류인 존재들과 맺는 관계를 '이미지'Bildern를 통해 이해한다. 모든 인간적인 사유에서 결코 제거할 수 없는 의인화 경향은 생명형, 기술형, 사회형의 형태로 등장할 수 있다. [이를테면] 왕은 신으로, 거꾸로 신은 왕으로 표상되는 식이다. 그러나 신은 또한 일종의 세계 전동 모터로 표상될 수 있으며, 이 전동 모터는 다시 일종의 세계 동력원動力源으로 생각될 수 있다. 인간은 스스로를 이해하기 위해 이와 같은 온갖 이미지를 이용해왔으며, 마침내 과학적인 정신-물리학적 장치를 통해 스스로를 하나의 우주 캡슐처럼 **표상하는** 지경에 이르렀다. 이 모든 것은 다형적 은유로 조합될 수 있다. 거대한 리바이어던, 즉 토머스 홉스가 말하는 국가는 네 가지 형상으로 나타난다. 위대하지만 필멸인 신, 거대한 짐승, 거대한 인간, 그리고 거대한 기계가 그 형상들이다. 단순 소박한 투사, 신령한 환상, 미지의 것을 기지의 것으로 환원하는 사유, 존재와 현상의 유비, 하부 구조 위의 이데올로기적 상부 구조, 이 모든 것은 정치신학 혹은 정치 형이상학이라는, 이루 헤아리기 힘들 정도로 다형적인 영역에서 나타나는 현상이다. **사회형, 생명형, 기술형**에 따른 분류는 상부형, 평행형, 하부형의 끊임없는 상호작용을 통해 산출되는 이미지와 데이터들을 첫눈에 손쉽게 정리한다. 생물학적 존재인 인간은 스스로를 기계나 사회집단 따위의 존재와 혼동하지 않는다. 생명형, 기술형, 사회형이라는 세 가지 이미지 혹은 게슈탈트-유형은 [비유컨대] 컴퓨터 조작에 의해 운용되는 과학의 고속도로 위에 세워진 세 개의 표지판과도 같다. [하지만] 운전자를 자동차와 구별하거나 이 둘을 자동차 동호회와 구별하는 데 특별한 이론적 · 개념적 노력이 필요하지는 않다.

페테르존의 논문을 취약하게 만든 구조적인 결함 덕분에 이 실증주의자는 정치신학을 순수하게 신학적으로 처리하는 작업을 과학적으로 신학 일반을 간단히 처리하는 작업으로 뒤바꿔 놓을 수 있었다. 이와 관련하여 한 가지 아쉬운 점은 페테르존이 1931년 『계간 신학』에

게재한 「신성 군주제」"Göttliche Monarchie"라는 전문 학술적인 논문에 토피취가 주목하지 않았다는 사실이다. 이 논문에서 페테르존은 자신의 최종 결론을 보편적인 것으로 절대화하지 않으면서도 자신이 기대고 있는 신학적·역사적 논거들을 남김없이 보여주고 있다. 페테르존 같은 신학자는 순수 신학적인 진술을 하기에 앞서 인식비판, 지식론, 방법론 차원의 선결문제들에 대한 최종적인 답변을 내놓을 필요가 없다. 만약 일신교적·군주제적 정치신학을 처리한 페테르존의 작업을 ──그것의 성공 또는 실패 여부와 상관없이── 우주론적인 이미지들로 조잡하게 구성된 사회학으로 [함부로] 용도 변경umfunktioniert하거나 그것을 비교종교학, 일반 종교사회학 혹은 실증적 규범과학으로 분해시켜 버린다면, 그것은 페테르존을 합당하게 대우하는 처사가 아닐 것이다.

한스 마이어, 에른스트 파일, 에른스트 토피취의 논문은 각각 우리의 연구와 관련하여 대단히 흥미로운 것들이다. 그들의 논문은 페테르존의 처리 테제가 오늘날에도 여전히 서로 상이하고 심지어 상반된 방향으로 영향력을 발휘하고 있음을 보여준다. 마이어는 페테르존의 최종 결론과 마지막 각주를 다소taliter qualiter 무비판적으로 수용했고, 파일은 그것을 반혁명의 정치신학에 적용했으며, 토피취는 [페테르존의] 황제-교황주의 비판을 높이 샀지만 그의 전문 신학적 진술을 일반종교학의 의제로 탈바꿈시켰다.

이제 우리는 전설의 원천, 전설이 된 문헌, 즉 페테르존의 1935년 논문 「정치적 문제로서의 유일신교」를 살펴보도록 하자.

2부

전설의 문헌

1장 문제의 발생과 시대 구획

페테르존의 최종 결론의 내용을 정확하게 이해하기 위해서는 전설의 문헌, 즉 그의 「유일신교」 논문에 집중해야 한다. 페테르존의 학문적인 주저, 그러니까 1926년에 출간된 그의 교수자격논문은 '[단] 하나의 신', 즉 헤이스 테오스Heis Theos라는 주제를 다루는 것이며, 주제 차원에서 1935년의 논문과 긴밀한 관련이 있다. 이 책은 페테르존이 1922년 괴팅겐 대학에 제출한 박사논문을 확장시킨 것으로 같은 대학 프로테스탄트 신학부에 의해 교수자격논문으로 승인받아 1926년 (루돌프 불트만[1]과 헤르만 군켈[2]이 편집하는 "신구약성서 문헌 및 종교에 관한 연구" 총서의 하나로) 출간된 것이다. 이 책의 제목은 『헤이스 테오스: 금석학적, 양식사적, 종교사적인 연구』Heis Theos, Epigraphische,

---

1 루돌프 불트만(Rudolf Bultmann, 1884~1976). 독일의 복음주의 신학자. 신약성서의 탈신화화 테제를 제안한 것으로 유명하다. —옮긴이
2 헤르만 군켈(Hermann Gunkel, 1862~1932). 독일의 프로테스탄트 신학자. —옮긴이

*formgeschichtliche und religionsgeschichtliche Untersuchungen*이다.

1926년에 간행된 이 방대한 저서는 일신교의 문제를 학술적으로 다루는 데 있어 커다란 중요성을 갖는다. 왜냐하면 단 하나의 신이라는 문구는 공적인 갈채, 즉 특정한 신이나 황제 혹은 왕을 향한 환호의 표현으로 쓰였던 것으로서, [특별히] 일신교를 신봉한다는 고백의 내용을 담고 있는 것은 아니기 때문이다. 이 책에는 정치신학에 관한 언급이 들어 있지 않다. 정치신학에 관한 문제는 전혀 등장하지 않는다. 또한 이 책은 교리론과 가치론의 차원에서 자유주의 신학의 학문적 성격을 평가하는 문제와 관련해서도 객관적인 중립의 입장을 견지한다. 이 책에서 페테르존은 엄청난 양의 1차 문헌 및 금석학적 자료들을 완벽한 객관성의 원칙에 입각하여 제시하고 있을 뿐, 어떤 신학적 지향 혹은 특정 교리와 관련된 입장을 내세우지 않는다.

앞서 언급했듯이(본서의 28쪽을 보라), 1925년에 페테르존은 많은 찬탄을 불러일으킨 논문 「신학이란 무엇인가?」를 출간했다. 이 논문에도 역시 "정치신학"이라는 용어는 등장하지 않는다. 페테르존이 정치신학의 문제를 [직접] 거론하고 [명시적으로] 이 용어를 사용한 것은 1931년에 집필한 논문, 즉 「신성 군주제」[3]에 이르러서다. 『계간 신학』에 실린 이 논문은 페테르존의 1935년 논문의 거개를 말 그대로 선취하고 있다. 1935년의 논문에서처럼 여기서도 페테르존은 아리스토텔레스 신학 및 알렉산드리아 유대인들의 "신성 군주제"에 대한 논의로

---

3 에릭 페테르존, 「신성 군주제」, 『계간 신학』("Göttliche Monarchie", *Theologischen Quartalsschrift*, vol.4, 1931, pp.537~564).

글을 시작한다. 필론의 저작들을 분석하면서 그는 [구약성서에 대한] 필론의 유대-헬레니즘적 재해석을 정치적인 [이유에 따른] 것으로 판정한다(p.543). 정치적 문제로서의 유일신교, 페테르존에게 이것은 유대인들의 [유일]신 신앙의 헬레니즘적 변형Umbildung이라는 문제 외에 다른 것이 아니었다. 이어서 나오는 테르툴리아누스Tertullianus에 관한 논의 역시 「유일신교」 논문에서 제시된 것과 거의 다르지 않다. 콘스탄티누스 대제를 찬양한 주교 에우세비우스는 이 글에서 이미 용납할 수 없는 정치신학의 한 사례로서 등장한다. 그래도 이때까지는 아직 시대를 초월하는 보편적인 전형으로 묘사되지는 않았다. 에우세비우스에 대한 논의에서 핵심은 테르툴리아누스가 [이 세계의] 군주로서의 신이라는 사상을 **법제화했다면**, 에우세비우스는 [한술 더 떠] 그것을 **정치화하려** 했다는 것이다.[4] 이러한 모든 [정치신학적] 기도들에 대항하여 우뚝 버티고 있는 것이 바로 기독교 신학의 삼위일체 교리이다. 결론 부분에서 페테르존은 나지안주스의 그레고리우스Gregor von Nazianz를 인용하는데(p.563), 이는 "무정부Anarchie와 다두제Polyarchie 그리고 군주제Monarchie 등의 개념들로 지칭되는 무질서의 저편에 존재하는 참된 질서에 관한 깊은 성찰을 촉발시키기 위해서"라고 한다. 이 그리스 교부는 1935년 논문의 결론 부분(pp.96~97)에서도 등장하여 자신의 정통 삼위일체론으로써 아리우스주의 정치신학을 종식시

---

4 「신학이란 무엇인가?」라는 강연(1925년에 출간되었다)은 교리와 성사가 신약성서에 본질적인 것이며, 이 두 단어가 "법률적인 용어라는 사실은 결코 우연이 아니"라는 점에 대한 긴 주석을 담고 있다(p.31, 각주 21번). 우리는 이 분석의 결론에 즈음하여(본서의 제3부 2장) 이 각주로 다시 돌아올 것이다.

킨다. 페테르존의 결론은 다음과 같다. 신성 군주제를 정치적으로 정당화할 수 있는 길은 없다. "그러한 시도를 하는 자는 누구든 적그리스도와 같은 자다. 적그리스도에 대해 엘비라의 그레고리우스[5]는 다음과 같이 말했다. '그는 홀로 이 세계 전체를 지배할 것이다'ipse solus toto orbe monarchiam habiturus est"(p.563, 각주 1번). 그러나 1931년 논문의 결론 부분에 등장했던 적그리스도에 관한 이 인용은 1935년의 논문에 가서는 그다지 중요한 역할을 부여받지 못한다(p.70). 1935년 당시 적그리스도 혹은 "세계국가"의 위험이 1931년보다 결코 덜하지 않았는데도 말이다. [사실] 이 위험은 팍스 로마나Pax Romana가 지배하던 325년에도, 1969년 현재에도 한결같은 것이다.

1931년 논문과 1935년 논문 간의 차이는 학술적 증거 자료나 논증의 차원에서 발생하는 것이 아니다. 본문과 각주에서 보충된 자료들을 제쳐둔다면, 그리고 후대 교부들에 대한 간략한 조망과 몇몇 강조점의 이동을 제쳐둔다면, 1935년 논문에서 새로운 점은 일종의 정치-신학적 논변을 제출했다는 것인데, 이에 대해서는 이 부의 2장에서 상론하기로 하자. 1935년 논문의 본질적이고 결정적인 특징은 카이사레아의 주교 에우세비우스를 성 아우구스티누스와 대결시킨다는 점인데, 페테르존은 이를 통해 마지막 각주와 더불어 완성되는 최종 결론으로 넘어간다. [그에 따르면,] 아우구스티누스는 그리스 교부들, 특히 나지안주스의 그레고리우스가 삼위일체 교리 및 [이에 상응하는] 신 개

---

5 엘비라의 그레고리우스(Gregor von Elvira, ?~392 이후). 이베리아 반도에서 활동한 주교.—옮긴이

념을 통해 성취한 것, 즉 "로마제국의 예속으로부터" 기독교 신앙을 해방시키는 과업을 자신의 기독교적 "평화" 개념을 통해 완수했다는 것이다. 이 주장은 테제 형식의 명제들을 통해 제시된다. 이 작업에 뒤이어 페테르존은 최종 결론과 마지막 각주에 학술적 자료의 의장을 덮어씌운다.

[페테르존은] 초대 기독교 시대와 콘스탄티누스 대제 시대 사이에 국한하여 쓰인 1931년의 짧은 논문에서 제시된 증거 자료를 [1935년 논문에서] 역사적으로 보강하고 [그 자료들의 맥락 및 타당성에 대해] 고구하는 본질적인 과정을 건너뛴 채, 그것을 모든 정치신학을 일거에 기각하는 판결을 위한 충분근거로 둔갑시켜버린다. 이런 일이 어떻게 가능했던 것일까? 1935년 논문은 이 물음에 관하여 단 하나의 아주 짧은 단서를 제공하고 있을 따름이다. 이 논문은 "로마제국 정치신학의 역사에 관한 논고"라는 겸손한 부제를 달고 있지만, 원 제목은 "정치적 문제로서의 유일신교"이며, [더 나아가] 최종 결론과 마지막 각주는 모든 정치신학을 [싸잡아] 비난하고 있다. 그러니까 결국 페테르존의 주장은 로마제국 시대와 에우세비우스의 사례를 정치신학이라는 문제 전반에 대한 **범례로**beispielhaft 보아야 한다는 것과 다르지 않다.

이 논문의 서론은 다음과 같이 시작한다. "유일신교를 지향하는 정치신학에 어떤 문제가 내재해 있는지를 밝히는 데에는 한 가지 역사적인 사례만 보아도 충분할 것이다." 이 논문의 마지막 문장은 다음과 같다. "우리는 여기서 구체적인 한 가지 사례를 통해 **정치신학**의 신학적 불가능성을 보여주고자 하였다." 그러나 이 사례가 [구체적으로] 어떤 성격의 것인지에 대한 논의와 해명은 이루어지지 않는다. 혹시 그것은 다만 정치신학[의 역사]를 실증하는 단 하나의 사례에 지나지 않는 것일까? 만약 그렇다면, 그것은 정치신학이 출현하는 수많은 방식들을 재전유Umbesetzung한 사례로는 그다지 설득력을 갖지 못한다. 콘스탄티누스 대제에게 중요했던 것은 기독교인 군주, 그게 아니라면 [적어도] 기독교에 호의적인 군주로서 기독교 교회와 어떤 관계를 맺을 것인가 하는 점이었으며, [이는] 사실상 기독교 내부의 투쟁에 다름 아니었다. 이 투쟁에 관한 문제와 해답은 이론적인 차원에서든 정치적인 차원에서든 기독교 교회가 비-기독교인 혹은 반-기독교인 논쟁 상대, [아니 어쩌면] 심지어 신학에서 일절 벗어난 비-종교인 논쟁 상대와 맺는 관계로 환원될 수 없다. 콘스탄티누스는——기독교 세례를 받지 않았음에도——스스로를 한 사람의 **주교** 혹은 일종의 열세 번째 **사도**로 여겼으며, 에우세비우스는 그를 **톤 에크톤**ton ekton을 위한 주교 (즉 [교회] 바깥에 있는 자들, 비-기독교인들을 위한 주교, 혹은 정치적인 영역에 머무르는 자들을 위한 주교)로 승인해주었다. 에우세비우스 주교를 [수하로] 거느렸던 이 인물과 그가 처했던 상황은 지극히 제한적인 한 가지 사례일 뿐이며, 따라서 콘스탄티누스 대제를 히틀러나 스탈린과 비교하는 것 역시 마찬가지다. 증거 자료에 제시된 사례에 대한 **구체적인** 설명을 내놓지 않은 상태에서 1935년에 일어난 일을 [곧바로] 325년에 견주는 식으로 역사적인 유비를 설정하는 것은 학문적으로, 신학적으로는 [더더욱] 용납하기 어렵다.

성 아우구스티누스가 『신국론』*De Civitas Dei* 제12장 1절에서의 상세한 해석을 통해 우리에게 알려준 고대 그리스-로마의 **정치신학**theologia politica 혹은 **시민신학**theologia civilis 역시 등한시되고 있다. 아우구스티누스가 우월감을 느끼는 자 특유의 유머를 담아 **가장 뛰어난 통찰력을 가진 마르쿠스**Marce astutissime라고 불렀던 바로[6]는 페테르존의 전문 연구 분야에 속하는 인물이다. 『헤이스 테오스』에서 바로의 이름은, 비록 아주 간략히 그리고 우리의 주제와는 무관한 맥락에서지만, 두 번(p.245, 306)이나 언급되고 있다. 고대 폴리스는 제의 공동체 Kultgemeinschaft였다. 바로는 극장에서 활동하던 시인들의 신화(우화) 신학을, 세계를 무대로 삼은 철학자들의 자연(물리) 신학 및 폴리스 혹은 도성Urbs에서 행해지던 정치신학과 구분했다.[7] 이 정치신학은 노모스Nomos의 일부로서 신들에게 바치는 예배와 희생제의 그리고 의례 등을 통해 공론장Öffentlichkeit을 구성하는 것이었다. [고대] 정치신학은 민족의 정치적 동일성 및 연속성을 [지키기] 위한 것이었다. [고대] 민족들에게 공적 축일을 지키고 **계율에 따라 신[들]께 공적 예배를 드림** deum colere kata ta nomina으로써 신들과 교제하는 것, 다시 말해 선조들의 종교를 [충실히] 계승하는 것은 [과거의] 유산을 정당하게 물려받고 [이로써] 자신들의 정체성을 확립하는 데 있어 필요 불가결한 일이었

---

6 마르쿠스 테렌티우스 바로(Marcus Terentius Varro, 기원전 116~27). 로마의 작가, 지식인. 그와 동시대인이었던 시인 바로와 구분하기 위해 '바로 레아티누스'(Varro Reatinus)라고 부르기도 한다. — 옮긴이

7 바로를 무시할 경우 "정치신학"의 근본적인 착안점 및 실질적인 내용이 얼마나 심각하게 소거될 수 있는지를 보려면, 쿠르트 라테가 집필한 『로마 종교사』, 특히 제12장 「황제 시대의 충성종교」(Kurt Latte, "Die Loyalitätsreligion der Kaiserzeit", *Handbuch der Altertumswissenschaft*, vol.5, n.4)를 일별하는 것으로 충분하다. 라테와는 반대로 프란츠 알트하임(Franz Altheim)은 자신의 책 『로마 종교사』에서 이탈리아적·이교적 신앙이 아우구스투스 시대에 복권되었다는 사실을 강조하였는데, 이 문제와 관련하여 여기서 더 깊이 들어가지는 않겠다. 하지만 페테르존을 존경했던 그의 친구 테오도어 해커(Theodor Haecker)가 기독교인으로서 베르길리우스를 숭배했다[는 사실만은 적어두도록 하자].

다. 여기서 한 가지 의문이 생기는데, 그것은 [언젠가] 뵈켄푀르데가 던졌던 다음의 질문이다.

내적 구조를 두고 볼 때 기독교는 다른 종교와 다를 바 없는 종교인가? 즉 그것의 현상형식은 (폴리스에 존립하던) 제의 종교의 그것과 동일한 것인가? 아니면 기독교 신앙은 전래의 종교를 초월하는가? 기독교의 효력 혹은 현실적인 힘은 옛 종교들의 성사 형식 및 그것들이 공적 제의를 통해 행사하던 지배력을 해체하고 인간들을 세계의 세속적이고 이성적인 질서, 즉 그들이 가진 자유에 대해 눈뜨도록 만들었다는 데 있는 것이 아닐까? (『세속화와 유토피아』, p.91)

이처럼 양자택일 구도를 설정하는 질문 방식은 나로서는 지나치게 협소해 보이기는 하지만, 그래도 [어쨌든] 이 질문은 결코 회피할 수 없는 질문이다. 그리스도의 교회는 이 세계와 그 역사에 의한von 것은 아니지만, 그래도 그것은 이 세계 안에in 있다. 이 말은 교회가 [이 세계 안의] 공간을 취하고 또 [그 안에 모종의 공간을] 창출했음을 뜻한다. 여기서 공간이 의미하는 것은 침투불가능성과 가시성 그리고 공개성이다. 페테르존은 이 모든 사실에 대해 자료의 차원에서도, 논증의 차원에서도, 그리하여 최종 결론에서도 전혀 관심을 기울이지 않는다. 1931년 논문 「신성 군주제」에서도 그는 바로의 이름을 언급하지 않는다. 그러나 1931년의 이 논문은 [적어도] 모든 정치신학을 처리했다는 따위의 일반론을 주장하지는 않는다. 페테르존이 바로를 무시했다는 사실은 1931년 논문과는 대조적으로 1935년에 와서는 논변을 튼실하

게 만드는 것보다 오직 최종 결론을 도출하는 것만이 중요했음을 가리
킨다.

정치신학은 극도로 다형적多形的인 영역이다. 뿐만 아니라 그것은
두 개의 상이한 측면, 즉 신학적인 측면과 정치적인 측면을 지니고 있
다. 두 측면은 각자 고유한 개념들에 의해 운영된다. 이는 정치신학이
라는 합성어 안에 이미 반영되어 있는 사실이다. 수많은 정치신학들이
있다. 왜냐하면 한편으로 서로 다른 수많은 종교들이 있고, 다른 한편
으로 수많은 종류와 방식의 정치들이 있기 때문이다. 이처럼 이중적이
고 양극적인 분야에서 실제적인 토론이 가능하려면 [우선] 주장을 분
명히 해야 하고, 질문과 답변 역시 정확하고 명징하게 해야 한다. 그러
므로 우리는 정치신학과 관련된 문헌 자료들을 제한하고 이와 더불어
질문의 범위 역시 명확하게 한정한 상태에서 [정치신학의] 정치적인
측면과 신학적인 측면을 함께 검토하도록 하자. 그러나 그에 앞서 페
테르존의 1935년 논문에 들어 있는 하나의 기이한 정치-신학적 삽입
구에 대해 먼저 살펴보도록 하자.

2장 정치-신학적 삽입구
─왕은 군림하되 통치하지 않는다

페테르존에게 정치신학은 [이미 오래전에] 처리된 것이었다. 심지어 그는 "카리스마적 정당성"에 관해 이야기한 막스 베버의 사회학이 제 연구의 결실인 『헤이스 테오스』에 커다란 중요성을 갖는다는 사실(왜냐하면 갈채는 통상 카리스마적인 지도자에게 주어지는 것이므로[1])에 대해서도 별로 괘념치 않는다. 결국 [페테르존에게] 정치신학이란 (루돌프 좀에게서 유래하는) 프로테스탄트 신학의 세속화된 기형, 즉 신학적 원

---

1 막스 베버, 『경제와 사회』(*Wirtschaft und Gesellschaft*, 4th ed., 1956, pp.662~673). 나의 저작 『인민의 결정과 인민의 열망』(*Volksentscheid und Volksbegehren*, Berlin, 1927)에서 나는 페테르존의 책이 국민투표에 의한 민주주의 이론에 엄청난 중요성을 갖는다는 점을 역설한 바 있다. 베버의 책과 관련해서는 페테르존이 1929년 뮌헨에서 행한 강연 「교회」("die Kirche", *Traktate*, München, 1929, p.419)를 참조하라. "바울은 열두 사도에 속하지 않는다. 바로 이것이 그의 한계인데, 이는──사도로서 그가 가진 영향력이 아니라──사도로서 그가 가진 정당성의 한계이다. 그리고 이것이 교회 내에서 사도 바울이 가령 베드로와 전적으로 다른 지위를 갖게 된 이유다."

상의 왜곡된 형태에 지나지 않는 것이었다. 왜냐하면 막스 베버가 사회학의 차원에서 카리스마Charisma라는 주제에 관해 이야기한 모든 것은 신약성서에 기록된 사도 바울의 카리스마적 정당성에 그 신학적 뿌리를 두고 있는 것이기 때문이다. 저 트리스카이데카토스Triskaidekatos, 즉 열세 번째 사도 바울이 [예수의 직계 제자들인] 열두 사도가 이룩한 확고하고도 구체적인 질서에 맞서서(「갈라디아서」 2장, 「사도행전」 15장) [자신의 사도 직무를] 정당화할 수 있는 길은 카리스마를 통한 것 말고는 없었다.

그런가 하면, 1931년『계간 신학』에 게재된 논문에는 이와는 완전히 다른, 비-성서적인 정치신학의 사례가 등장한다(p.540). 거기서는 느닷없이 프랑스어의 날개를 단 문장이 나타나는 것이다. "왕은 군림하되 통치하지 않는다."le roi règne, mais il ne gouverne pas 나는 이 맥락에서 등장한 바로 이 삽입구야말로 페테르존이——아마도 무심결에——정치신학을 위해 남긴 가장 흥미로운 업적이라고 생각한다. 이 말은 아리스토텔레스의 철학 및 유대적 혹은 이교적 헬레니즘을 가리키는 말로서, 비록 논지의 전개 차원에서는 한낱 부차적인 언급으로 보이지만, 실상은 그 논문이 다루는 문제의 핵심을 건드리는 진술이다. 왜냐하면 "정치적인 문제로서" 유일신교는 "유대인들의 [유일]신 신앙을 헬레니즘적으로 변형시킨" 데서 유래한 것이기 때문이다(p.98).

신학자 페테르존이 사용한 이 19세기 프랑스어 문구는, 아마도 그는 몰랐을 테지만, [원래는] 라틴어 표현으로서 1600년경 폴란드 왕 지기스문트 3세를 겨냥하여 만들어진 구절——rex regnat sed non gubernat——을 근대의 언어로 번역한 것이다. [우리의] 신학자는 [이 문구를] 일신교적·정치적 신학의 이교적 혹은 유대적·헬레니즘적 현상형식으로 해석하려 했지만, 사실 그것은 신학이 아니라 순수 형이상학, 그게 아니라면 기껏해야 절충주의적 종교철학일 뿐이었다. 그 문구 자체가 애초에 정치-신학적인 의도로 쓰인 것이 아니었다. 그것은 신학으로부터 탈피한 19세기에 와서 자유주의 부르주아에 의해 당파적·정치적 유행어가 되었다. 부르주아 군주제의 전형적인 대변자로서 이후 1871년에 이르러 파리 코뮌을 무참히 짓밟았던 아돌프 티에르[2]는 1829년과 1846년 두 차례에 걸쳐 이 문구를 입헌군주제의 슬로건Parole으로 사용했는데, 이는 [이른바] 자본주의적 **중도**juste-milieu 정치 체제를 옹호하기 위함이었다. 페테르존의 1931년 논문에서 이 문구는 앞서 언급한 부분(p.540)에서 단 한 번 등장하는데, 그는 아무런 설명이나 주석도 붙이지 않은 채 그것을 알렉산드리아의 유대인 필론이 생각한 유일신교, 그리고 베르너 예거[3]가 "아리스토텔레스적 신학"이라 부른 것을 축약하는 키워드로 제시한다. 그리스도 탄생 후 [십수세기가 지난] 자유주의 시대에 생겨난 그와 같은 문구를 기원후 1세기의 고대 세계로 역투사하는 것은 어이없는 짓이다. 그러나 그것은 정치-신학적 혹은 정치-형이상학적인 정식 하나를 만들어내는 데에 얼마나 많은 성찰과 사유의 노동이 필요한지를 [여실히] 보여주는 사례이기도 하다.

---

2 아돌프 티에르(Adolphe Thiers, 1797~1877). 프랑스의 정치가, 역사학자. — 옮긴이
3 베르너 예거(Werner Jaeger, 1888~1961). 독일 태생의 미국 고전문헌학자. 대표 저서는 『파이데이아』(Paideia)이다. 이 책의 일부가 최근 한국어로 번역되었다. 『파이데이아 1』, 김남우 옮김, 아카넷, 2019. — 옮긴이

이 문구의 정치적·신학적·기독교적 성격을 올바르게 간파한 이는 도노소 코르테스인데, 그는 너무도 아마추어 같은 신학적 시론 「가톨릭주의와 자유주의 그리고 사회주의」"Katholizismus, Liberalismus und Sozialismus"(1851)에서 이 문제를 다루었다. 이 프랑스어 문구 자체가 등장하는 것은 도노소가 주교 포르나리[4]에게 보낸 1852년 6월 19일자 편지에서이며, 여기서 그는 이 문구를 정치-신학적으로 면밀히 분석하고 있다. [문구에 제시된 것과 같은] 발상이 등장한 것은 정치적·일신교적 합리주의의 [사유] 구조에 상응하는 현상으로서, 이에 따르면 권력 투쟁을 합리화하기 위해서는 최고 권력이 정당들의 투쟁에 휘말리는 사태를 막아야 한다(나의 『헌법론』, p.287을 참조하라). 의회주의 체제하의 군주(통치에 관한 의회의 결정에 개입할 수 없고, 모종의 초월적인 위치에서 의회 권력, 즉 내각을 통해 다만 군림할 뿐 [직접] 통치하지 못하는 군주)를 [우주의] 더 높은 곳에 존재하되 이 세계의 일들에 개입하지 않는 존재, 즉 신에 견준다는 것은 놀라운 발상이다. [하지만] 다른 한편으로 루이 필리프Louis Philipp를 헬레니즘 세계의 [최고] 권력자나 로마제국의 카이사르 혹은 페르시아 제국의 황제와 동일 선상에 놓는다면 그것은 그로테스크한 짓일 것이다. 물론 총독, 대신大臣, 고관, 관리, 전령 등을 통해 통치했던 페르시아 황제를 그러한 신에 견주는 것은 형이상학적으로도 정치적으로도 타당할 수 있다. 왜냐하면 그 신은 스토아 철학자들의 신과 달리 직접 온 우주를 주재하는 권능을 가진 존재가 아니라 자신보다 낮은 신들과 천사 그리고 전령 등을 통해 다스

---

4 라파엘레 포르나리(Raffaelle Fornari, 1787~1854). 로마 교황청의 주교. ─옮긴이

리는 존재이기 때문이다. 세계의 **시원**arche(원리)으로서 그는 [천상의] 가장 높은 층에 거하지만 그럼에도 여타의 많은 [부분적] **시원들**archai 을 배격하지 않고 오히려 그것들을 필요로 한다. 왜냐하면 그렇게 하는 것이 감히 범접할 수 없는 거룩한 위격을 가진 존재의 위엄에 걸맞기 때문이다.[5] 일개 왕-부르주아에 불과한 루이 필리프를 그와 같은 영역으로 전치시켰다는 사실에서 우리는 정치신학에 대한 페테르존의 표상이 어떤 것이었는지 단적으로 알 수 있다.

이 프랑스어 문구는 확실히 페테르존에게 깊은 인상을 남겼다. 이미 말했듯이, 1931년 『계간 신학』에 실린 논문에서 그것은 단 한 번, 그것도 그저 지나가는 말처럼 등장한다. 반면 1935년의 논문에서 그것은 눈에 띄게 확장되고 강조된다. 즉 그것은 유대적이며 이교-헬레니즘적인 일신교에 대한 논박 전체를 지배하는 표현이 된 것이다. 그 문구는 적어도 일곱 번 이상 힘주어 인용되는데(p.19, 20, 49, 62, 99, 117, 133), 페테르존은 그것이 "우리가 거듭 맞닥뜨릴" 수밖에 없는 생각이라고 말한다. "특히 그것이 '최고의 신은 군림하지만, 민족의 신들은 통치한다'는 뜻일 경우 더더욱 그렇다"는 것이다. 우리는 심지어 다음과 같은 경고까지 듣게 된다. "이 점은 각별히 유념해야 할 것이다"(p.133). 이 주장은 이교도들의 논변을 다루는 중요한 맥락에서, 비록 그 문구 자체가 [온전히] 반복되는 것은 아니지만, 또다시 등장한다. 이교도들의 논변에 따르면, 신은 자신과 동종의 존재, 그러니까 다

---

5 이와 같은 최고 권력의 논리에 대해서는 칼 슈미트, 『권력 및 권력자에게로 이어지는 통로에 관한 대화』(*Gespräch über die Macht und den Zugang zum Machthaber*, 1954) 참조.

른 신들만을 다스릴 수 있을 뿐, 인간이나 동물을 다스릴 수는 없다. 마찬가지로 하드리아누스 황제 역시 인간만을 다스릴 수 있을 뿐 동물을 다스릴 수는 없다(pp.52~53). 이렇게 해서 그 문구는 일신교적 이교를 지칭하는 키워드가 된다.[6]

페테르존은 위와 같은 정치신학의 사례들을 용인한다. 왜냐하면 중요한 것은 삼위일체 교리를 기반으로 하는 기독교적 일신교이기 때문이다. 아리스토텔레스의 정치신학을 다루는 부분에서 그는 심지어 다음과 같이 명시적으로 말한다. "형이상학적 세계상들을 하나로 통일하는 작업은 항상 정치적 통일을 어떻게 이룰 것인가에 관한 결정과 더불어, 아니 그 결정에 의해 규정된다"(p.19). 이 부분에 관한 주석에서 페테르존은 다음과 같은 질문을 던진다. "형이상학적 질서를 논하면서 군주제를 가장 이상적인 정치 형태로 설정했을 때 [혹시] 아리스토텔레스는 [자신의 제자인] 알렉산더 대왕이 [향후] 구축할 헬레니즘 군주제를 이미 예비 결정해 놓았던 것이 아닐까?"(p.104, 각주 14번) 이 질문은 내가 1922년의 『정치신학』에서 이미 제출한 테제 및 [그와 더불어] 착안했던 **주권 개념의 사회학**에 [정확히] 부합한다. 거기서(1934년 제2판 기준 p.60)[7] 나는 에드워드 케어드[8]가 (오귀스트 콩트에 관한 저

---

6 로마 황제 하드리아누스(Hadrian)는 모든 신들을 하나의 보편[적인 신]으로 통일하는 사업에 관심을 쏟았다. 이에 관해 브루노 바우어는 다음과 같이 말한다. "그런데 스토아 철학의 체계 덕분에 [한층] 수월하게 진행된 이 작업, 즉 천상[의 권력들]을 가리키는 명칭들을 단순화하는 작업은 지상의 권력이 황제에게 집중되는 과정과 [정확히] 일치한다. 아테네에서는 폭군과 절대 군주들이 수 세기에 걸쳐 제우스를 그리스 세계의 최고신으로 모시는 신전을 짓기 위해 공을 들였다"(브루노 바우어, 『그리스도와 카이사르』, 1877, p.283).

7 한국어판: 칼 슈미트, 『정치신학』, 65쪽. — 옮긴이

8 에드워드 케어드(Edward Caird, 1835~1908). 스코틀랜드의 철학자. — 옮긴이

서에서) 쓴 다음의 문장을 인용했었다. "한 시대를 가장 강렬하고 가장 선명하게 표현하는 것은 [그 시대의] 형이상학이다." [그러나 페테르존이] 최종 결론에서 내린 판결은 그와 같은 비-삼위일체적·일신교적 정치신학 혹은 정치 형이상학을 염두에 둔 것이 결코 아니었다.

3장 정치적 측면에서 본 소재의 한계와 문제설정
─군주제

정치적 측면에서 [페테르존 논문의] 한계는 뚜렷해 보인다. 즉 [그 논문에서는] 한 명의 인간이 갖는 권력과 주권이라는 의미에서의 군주제가 유일한 논의 대상이자 검증을 위한 자료인 것이다. 이는 [논의를] 일신교에 국한함에 따라 자연스럽게 발생한 한계인 듯하다. 그리고 이 한계는 유일신-유일왕이라는 정식에 상응한다. 로마제국에서 **모나크** Monarch는 황제, 카이사르, 원수, 그리고 아우구스투스였다. 따라서 정치신학의 정치적 측면에서 볼 때 이 유일자der Eine는 개별 인격으로서 [권력의] **시원**arche일 뿐, 아직 '법적 인격'juristische Person은 아니었다. 차라리 그는 인간적 개별자menschliches Individuum에 불과했다. 로마 황제들의 양두제Doppelprinzipat 사례에서 보듯이(「정치적 문제로서의 유일신교」, p.47), 두 번째 인격이 등장하자마자 이 정식은 더 이상 자명한 것이 아니게 된다. 정치적 측면에서 보자면, 삼위일체의 가능성이란 생각할 수 없는 것이다. 군주제의 개념은 삼위일체로 결코 간단히 번역될 수 없다. 삼위일체에서는 **시원**arche과 **권능**potestas이 "제각기 고유한 의미를 지니기" 때문이다(「신성 군주제」, p.557).

그러나 [페테르존의] 논의에는 [정치적으로] 행위할 능력을 가진 단위가 등장하는데, 이 단위는 다수의 인간 혹은 집단으로 구성된다. 특히 이교도들은 복수의 정치적 단위로서 **민족들**Völker로 정의된다. 이교 세계에서 다신교에 상응하는 것은 (비단 사회적 집단으로서만이 아니라) 정치적 단위로서 민족들이 견지한 정치적 다원주의이다. 전반적으로 이교 세계는 상이한 민족들로 이뤄진 정치적 복수우주Pluriversum로서, 이는 이 세계를 다스리는 단 한 명의 군주Herr를 통해 비로소 정치적 단일우주Universum가 된다. "신의 백성", 즉 유대 민족이 하나의 정치적 단위인 것과 마찬가지로 에클레시아, 기독교 교회, 즉 새로운 신의 백성 역시 하나의 정치적 단위이다. 알렉산드리아 유대교의 군주제 개념은 "결국 정치-신학적 개념이었으며, 이 개념은 유대 민족의 종교적 우위를 정초하기 위해 만들어진 것이었다"(p.63). 유대 역사가 플라비우스 요세푸스Flavius Josephus는 "신성 군주제"에 대해 이야기하지 않았다. [그럼에도] 유대 민족을 대신할 "신의 백성", 즉 기독교도들은 그와 같은 정치적 통일의 관념을 교회에 받아들였고 나아가 더 발전시켰다. 페테르존에 따르면, 군주제의 개념을 그와 같이 적용하는 것은 유대적 혹은 유대-기독교적 "프로파간다"에 지나지 않는 것이다. 기독교인들이 그렇게 한 까닭은 "기독교인 학자들이 유대 학자들과 긴밀한 유대 관계에 있었기" 때문이라는 것이 페테르존의 설명이다. "유대 프로파간다 문헌과 다르지 않게 기독교 프로파간다 문헌 역시 에클레시아에 모인 신의 백성들이 다신교 신앙을 가진 민족들(이교도들)에 비해 우월하다는 것을 논증하기 위해 군주제라는 정치-신학적 개념을 사용했던 것이다"(p.37).

이로부터 알 수 있는 사실은 페테르존이 생각한 정치-신학적 문제의 핵심을 체계적으로 정확하게 파악하기 위해서는 군주제가 아니라 정치적 통일 및 이 통일의 현전 혹은 재현이라는 문제에 초점을 맞춰야 한다는 것이다. [실제로] 『리바이어던』*Leviathan*(1651)에서 홉스가 그렇게 했다. 홉스는 지고의 존재, 즉 주권자는 한 명의 개인일 수도 있고, 하나의 집단 혹은 [정치적으로] 행위할 능력을 가진 다수의 인간일 수도 있다고 주장했다.[1] 유일신-유일왕이라는 정식이 더 이상 들어맞지 않고 대신 단일신-단일민족이라는 정식이 등장하게 되면, 그리고 정치신학의 정치적 측면에서 한 명의 군주로부터 하나의 민족 전체로 초점이 옮겨지게 되면, 그때 민주주의가 [전면에] 등장한다. [이전까지] 타당한 것으로 여겨지던 유일신교와 군주제 간의 일치는 이제 더이상 들어맞지 않는 것으로 여겨져 외면당한다. [그러나] 페테르존의 예리한 시선은 [저 새로운 정식에 내재한] 모순을 놓치지 않았다. "하나의 민족과 하나의 신, 이것은 말하자면 유대적 해결책이다"(p.23). 그

---

1 홉스가 보기에 로마 민족은 외부에 대해서는 "하나의 인격"이었으며, 그리스도가 태어날 무렵 팔레스타인 사람들에게는 하나의 군주(a monarch)였다. 로마 민족은 주권자였다. 그리스도는 이 주권자에 대하여 어떤 저항도 시도하지 않았다. 『리바이어던』, 제2권 19장 [참조]. 민주주의 헌법을 가진 정치적 권력이 낯선 지역을 점령할 경우, 홉스에 따르면 이 점령된 지역의 민족(Volk)은 한 명의 군주(Monarchie)에게 예속된 신민(Untertan)이 된다. 왜냐하면 내부적으로는 민주주의에 의해 조직된 정치적 단위라 하더라도 외부에 대해서는 하나의(Eine) 인격으로 나타나기 때문이다.

렇지만 저 알렉산드리아의 유대인 필론은 "신성 민주주의" 따위를 거론한 적이 없다. 하지만 이와 그다지 멀지 않은 맥락에서 그는 최초로 "신성 군주제"를 언급했으며(p.22), 또한 이교 다두 정치와 과두 정치 그리고 중우 정치에 맞서 세계의 형이상학적·우주론적 통일을 주창했다. 뿐만 아니라 필론은 "민주주의의 이념의 친구이다. […] 그러나 분명한 점은 유대 신앙이 그로 하여금 그와 같은 맥락에서 형이상학적 민주주의, 그러니까 신성 민주주의에 대해 이야기하지 못하도록 막았다는 사실이다"(p.29). 기독교 신학에 따르면, 예수 그리스도의 출현 이후 유대인들에게는 더 이상 왕도 예언자도 존재하지 않는다.

군주제에 관한 정치-신학적 물음이 더욱 복잡해진 까닭은 오리게 네스Origenes와 알렉산드리아 신학자들, 더 나아가 성 아타나시우스마저도 군주제라는 단어를 사용한 적은 없고, 다만 신적인 **모나스**Monás에 관해 언급했을 따름이기 때문이다. 몬-아르키Mon-Archie라는 단어는 아리스토텔레스의 **미아 아르케**mia arche, 즉 하나의 원리[라는 표현]에서 유래한 것인 반면, 모나스는 피타고라스와 플라톤이 말한 수의 통일[이라는 관념]에서 그 유래를 찾을 수 있다. 페테르존은 교황 디오니시우스(재위: 259~268년)를 칭송하는데, 이는 디오니시우스가 군주제의 고지를 성스러운 것으로서 옹호했고, 영지주의의 이원론을 극복했으며, 삼위일체 안에서 세 위격을 통합하는 하나의 유일한 **시원**arche을 발견했기 때문이다. 세 위격은 하나인 동시에 셋으로서 서로 분리되거나 떨어질 수 없다(pp.56~57). 그런데 주목할 만한 점은 오리게네스의 충실한 제자인 에우세비우스 역시 모나키Monarchie라는 단어를 사용했다는 사실이다. 그러나 그는 이 단어를 아리우스주의의 이단적 입장을 드러내는 말, 그러니까 정치신학적인 용어로 이해하였는데, 왜냐하면 그는 교황 디오니시우스의 정통 삼위일체 개념을 알지 못했기 때문이다. 이 문제에 더 깊이 들어가는 것은 삼가도록 하자. 왜냐하면 [우리가 다루는] 문제의 정치적 측면에서 볼 때, 군주제에 관한 페테르존의 입장은 헬레니즘 일신교의 군주——대개 한 명의 개인인데——는 "단 하나의 궁극적인 원리에서 나오는 지고의 권능을 가진 한 사람의 권력자라는 것이기 때문이다".

군주제Monarchie라는 단어와 관련하여 결코 빠뜨려서는 안 될 사실이 한 가지 있는데, 그것은 아우구스투스 황제가 공화주의적 정당성에 입각하여 [로마제국을] 통치했다는 것이다. 로마 원로원, 즉 파트레스 콘스크립티Patres conscripti와 로마 민족, 즉 포풀루스populus, 다시 말해 [한 장소에] 운집한 시민들로 구성된 [로마 정치의] 이원 체제, 요컨대 권위auctoritas와 권력potestas의 이원 체제는 온갖 부침에도 불구하고 수세기 동안 변함없이 그 효력을 인정받았다. 그런 까닭에 5세기 말(494년)에 이르러서도 여전히 로마 교황 겔라시우스Gelasius는 로마 교회의 주교로서 권위auctoritas를 내세우면서 기독교도 황제에게 제국의 통치imperium 및 권력 행사potestas에 관해 조언할 수 있었던 것이다.[2] [페테르존의 논문에서] 1000년 동안 계속된 기독교 교권Sacerdotium

---

2 "그리스도의 주권에 의해 통치되는 세계라는 기독교적 표상(Bild)은 권위에 대한 로마의 전통적인 관념에 새로운 내용을 부여했으며, [나아가] 이 관념이 실현될 수 있도록 해주었다. 모든 권력은 신으로부터 온다. 왜냐하면 신의 절대적인 권위는 영원하고 그 자체로 완결된 것이기 때문이다. 하지만 이처럼 초월적인 차원에서의 통일에 의해 규정된 이원론은 하나의 실제적인 이원론, 즉 생의 이중적인 구조를 [반영하는] 이원론이다. 여기서 이중적인 생이란 [한편으로] 은총과 신앙 속에서의 삶——성자들의 공동체——즉 이 세계 안

과 기독교 황제권Imperium 간의 투쟁에 관해 우리가 읽을 수 있는 것은 고작 단 한 개의 각주뿐인데, 심지어 그것도 호메로스의 『일리아스』에서 한 구절(2, 204)을 인용한 것이다. "왕은 한 사람이어야 한다."[3] 단테가 『제정론』[4] 제1장 10절에서 인용한(p.120, 각주 63번) 이 문장은 "중세 시대 황제와 교황 사이에 벌어진 논쟁에서도 일정한 역할을 담당했다".[5] 기독교 신학이 지배한 중세 1000년에 관해 우리가 들을 수 있는

에서 기독교적 도덕 질서에 따르는 삶을 살면서 [동시에 다른 한편으로는] 황제의 질서에 따라 세상을 살아간다는 것을 뜻한다. [요컨대] 한쪽에는 교회가, 다른 쪽에는 제국이 있는 것이다. 이 이원론은 또한 개념의 차원에서 권위와 권력[의 구분]을 통해 규정되는 로마의 정치적 규준에 입각해 있는 것이기도 하다. 하지만 이 이원론은 초월의 관념에 입각한 기독교적 구상으로 전치되면서 새로운 내용을 갖게 되었다." 이상은 [헤수스] 푸에요(J. Fueyo)가 기념논문집 『에피로시스』(1968)에 기고한 논문 「권위의 이념: 발생과 발전」(pp.226~227)에서 제시한 내용이다. 푸에요는 테렌티우스 바로의 정치신학에 대해서도 언급하고 있다(p.223).

3 해당 구절의 한국어 번역은 다음과 같다. "지배자가 많다는 것은 결코 좋은 일이 아니다." 호메로스, 『일리아스』, 천병희 옮김, 도서출판 숲, 2009, 59쪽. — 옮긴이

4 한국어판: 단테 알리기에리, 『단테 제정론』, 성염 옮김, 경세원, 2009, 39쪽, 각주 48번 참조. — 옮긴이

5 [페테르존의] 「유대인의 교회와 이방인의 교회」("Die Kirche aus Juden und Heiden", Salzburg, 1933)라는 강연[문]을 보면, 71쪽 각주에 이렇게 적혀 있다. "가령 『적그리스도에 관한 연극』(Ludus de Antichristo)에서 적그리스도의 때에 유대 회당과 기독교 교회를 [상징하는] 인물들이 등장하는 것"은 "신학적으로 완벽하게 정당화될 수 있다".『적그리스도에 관한 연극』은 프리드리히 [1세] 바르바로사(Friedrich Barbarossa)가 십자군 전쟁을 일으키던 시대에 창작된 고도로 정치적인 문학 작품이다. 게르하르트 귄터(Gerhard Günther)가 새롭게 주해한 판본 『적그리스도: 호엔슈타우펜가의 적그리스도에 관한 연극』(Der Antichrist; der staufische Ludus de Antichristo, trans. Gottfried Hasenkamp, Hamburg: Friedrich Wittig Verlag, n.d., 1970)을 참조하라. 1929년 뮌헨에서 행한 「교회」라는 강연에서 페테르존은 이렇게 단언했다. "유대 민족은 그들의 불신앙을 통해 그리스도의 재림을 막고 있다. 하지만 구세주의 재림을 저지함으로써 그들은 [하느님의] 왕국의 도래를 방해하고 또한 교회의 존속을 필수적인 일로 장려하고 있는 셈이다. 바울이 로마서 11장에서 말한 것은 [유대인들의] 구체적인 종말이 아니라 최후의 사건들에 대한 교리로서, 이는 오직 이방인들의 교회에서만 유효한 것이다"("die Kirche", Traktate, p.413).

것은 이것이 전부다. 국민 투표로 선출되는 근대의 군주제에 대한 언급은 전혀 나오지 않는데, 이는 아마도 그것이 신의 은총으로 정당화되는 절대 군주제가 아니라 인민의 의지, 즉 투표를 통해 민주주의적으로 정당화되는 체제이기 때문일 것이다. 신학자와 비-신학자 가릴 것 없이 가장 돌올한 최신의 정치신학 사례, 즉 막스 베버의 "카리스마적 정당성"에 대해서는 앞에서(제2부 2장) 이미 언급했다. 페테르존에게 그것은 그저 하나의 왜곡된 형태에 지나지 않는 것이었다. 즉 그것은 사회학에 의해 세속화된 신학의 한 사례에 불과한 것으로서, 신학적으로 볼 때 전혀 중요하지 않은 것이다. 그렇지만 그것은 [정치신학이라는] 현상 전체를 두고 볼 때 [명백히] 정치적인 차원에 속하는 것이며, 『헤이스 테오스』 저자의 흥미를 끌 수도 있었을 것이다. 왜냐하면 카리스마적 정당성과 영도력Führertum 그리고 갈채는 서로 [긴밀히] 연관되어 있기 때문이다. 페테르존의 논문에서 영도자는 군주로 간주된다(p.52). 뿐만 아니라 카리스마적 정당성과 왕위 세습적 정당성이 마구 뒤섞여서 종국에는 아돌프 히틀러와 쿠르트 아이스너[6]가 프란츠 요제프 황제 및 빌헬름 2세 황제와 더불어 "군주"라는 동일한 정치-신학적 범주로 귀속되기에 이른다. 그러니까 엄밀하게 신학적인 방법이 [결국에 가서는] 막스 베버의 가치중립적 과학성보다 더 나쁜 중립화를 야기한 셈이다.

[페테르존의] 논의가 협소해진 까닭은 "군주제"로 소재를 한정했기 때문인데, 여기서 군주제란 기본적으로 신성 군주제를 통해 [세계

---

6 쿠르트 아이스너(Kurt Eisner, 1867~1919). 독일의 정치가, 언론인, 작가. — 옮긴이

를 형이상학적으로] 통일하려 한 헬레니즘의 구상에 불과한 것이다. 그런데 이는 언뜻 보기보다 훨씬 더 근본적인 함의를 갖는다. 그의 논문은 단순히 방대한 양을 자랑하는 출처 및 자료의 차원에서만 "민주주의"를 배제하는 데서 그치지 않는다. "혁명"과 "저항"에 관련된 모든 문제가 일체 배제되어 있는 것이다. **군주에 의한 통일**은 기존 질서를 산출하고 재현하며 유지하는 것, 그러니까 평화의 통일로서 현시된다. [물론] 정치신학의 정치적 측면과 관련하여 반란의 문제에 대한 언급이 여기저기서 잠깐씩 등장하기는 한다. 하지만 거기서 이야기되는 것은 [기껏해야] 제우스에 대한 거인족과 티탄족의 반란일 뿐이다(pp.30~31 및 p.114, 144). 이것은 이교의 신화이므로 기독교 신학자에게는 아무런 의미가 없는 것이었을 수 있다. 하지만 [페테르존은] 삼위일체의 제2위격이 성육신한 사건과 관련하여 천사들이 일으킨 반란에 관한 신학적 사변을 펼친 바 있다. 아마도 오늘날의 사람들은 그와 같은 사변을 동유럽의 삼위일체적 영지주의로 매도할지도 모르겠다. 삼위일체와 관련하여 나지안주스의 성 그레고리우스가 제시한 결정적인 논변——삼위일체 안에는 **스타시스**stasis가 더 이상 존재하지 않는다——은, 페테르존의 생각과는 달리, 올바르게 이해된 정치신학에게는 결코 파괴적으로erledigend 작용하지 않는다(스타시스stasis에 대해서는 [본서의] 후기 154~155쪽을 보라).

페테르존이 배제한 저 두 가지 복합체, 즉 민주주의와 혁명은 그사이——1935년 이래——그에게 제대로 앙갚음을 해주었다. 오늘날 가톨릭 진영과 프로테스탄트 진영에서 "기독교 혁명"을 두고 벌어지는 심도 있는 논의들에서 페테르존의 배제 판결이 조금이라도 영향력을 행사한 흔적은 전혀 찾아볼 수 없다. 그가 정치적·역사적 차원에서 1500년이라는 시간을 [단숨에] 뛰어넘어 도달한 최종 결론은 너무 조야하고 뜬금없는 것이다. 이제 다른 측면, 즉 신학적 측면에서 그 결론의 내용이 설득력을 갖는 것인지 검토해보기로 하자. [물론] 비-신학자인 우리가 할 수 있는 한에서 말이다. **존재의 유비**Analogia Entis나 **신앙의 유비**Analogia Fidei 따위의 신학적 문제들은 제쳐두기로 하자. 페테르 존 역시 이 문제들에 대해 신경 쓰지 않았다. 대신 그의 1935년 논문이 어떤 소재를 택하고, 문제를 어떻게 설정했는지에 집중하기로 하자.

4장 신학적 측면에서 본 소재의 한계와 문제설정
—일신교

[우리의] 양면적 주제가 가진 신학적 측면에서 볼 때, 세 개의 일신교 적 종교가 존재한다. [하지만] 이들은 레싱[1]의 유명한 우화에 등장하는 세 명의 반지 소유자, 즉 유대인, 기독교인, 이슬람교인이 신봉한 종교 와 동일한 것이 아니다. 페테르존에게는 저 위조된 세 개의 반지가 주 장하는 일신교 외에 특별히 네 번째 반지를 만든 일신교가 존재하는 데, 그것은 18세기 계몽주의의 일신교이다. 이 유형에 대해 그는 (서문 에서) 경멸 조의 시선으로 잠깐 일별하는 데 그치고 만다. 1965년 10월 28일 바티칸 공의회가 (비기독교 종교와 교회가 맺어야 하는 관계에 대하 여) 선포한 교령에서 거론된 두 종교, 즉 유대교와 이슬람교 [가운데 후

---

1 고트홀트 에프라임 레싱(Gotthold Ephraim Lessing, 1729~1781). 독일의 작가, 사상가. 대표작으로는 『현자 나탄』, 『라오콘』 등이 있다. —옮긴이

자는 페테르존이 생각한] 일신교에 해당하지 않는다. 이슬람교는 전적으로 배제되어 있다. 이슬람이 가진 정치적 중요성은 실로 거대하고, 이 종교가 가진 신학적 함의 또한 이론의 여지가 없는 것인데도 말이다. 이슬람교의 신은 아리스토텔레스 혹은 헬레니즘의 형이상학이 말하는 **일자**der Eine보다 훨씬 더 신이라는 이름에 부합한다.

페테르존에게 "정치적 문제로서의 유일신교"는 유대 신앙의 헬레니즘적 변형 그 이상도 이하도 아니다. 그의 논문이 정치신학이라는 주제하에 탐구하는 세 가지 일신교적 종교는 유대교와 이교 그리고——이 두 전선 사이에 끼인——삼위일체 하느님을 믿는 기독교이다. 일신교로서의 삼위일체 기독교를 다른 종교들과 비교할 수 있는가라는 물음(앞서 제2부 1장에서 국가의 발생을 세속화 과정으로 고찰한 뵈켄푀르데의 논문으로부터 인용한 구절을 참조하라)이 여기서 더없이 날카로운 형태로 새롭게 제기된다. 다른 일신교를 믿는 이들에게 성부와 성자와 헬레니즘적 성령의 일치에 대해 이해시키려는 모든 시도는 실패로 돌아갔다. 그렇게 실패한 신학적 시도 가운데 하나로 **단일신론**Monarchianismus이라 불리는 것이 있다. 이것은 진지하게 취급받지 못했으며, 하르나크에 기대어(p.123, 각주 75번) 페테르존이 언급했듯이, 이 명칭은 조롱의 대상에 지나지 않았다. 어떤 형태를 취하든——아버지와 아들의 역동적이고 양태적인 동일성을 주장하건, 아니면 아버지가 아들을 입양했다고 주장하건, 혹은 다른 어떤 방식을 제시하건 상관없이——단일신론은 이단으로 낙인찍혔다. 페테르존의 이 논문에서는 다음과 같은 범상치 않은 질문이 느닷없이 출현한다. "기독교 신앙에서 오직 일신교만을 발견한다는 것"은 옳은 일인가? (이것은 오로시우스[2]와 관련된 부분[p.94]에서 나오는 질문이다.) 어쨌든 유일신의 삼위일체 교리는 페테르존으로 하여금 손쉽게 모든 정치신학을 불가능한 것으로 선포할 수 있도록 해주었다.

[이런 식의] 개념의 오용은 언제든 발생할 수 있다. 하지만 그런 일이 기독교 내부에서 일어나는 것은 여타의 비-삼위일체적 일신교적 종교들의 경우와는 다르다. 이 종교들에게는 정치신학의 가능성이 명시적으로 허용된다. 비기독교적 종교들이 어느 정도로 참된 신학을 가질 수 있는지는 불분명하다. 유대 구약성서는 예언을 가졌지만, 신학을 가지지는 못했다. 이교도들에게는 오직 철학적 형이상학 혹은 이른바 "자연" 신학이라 불리는 것만이 존재했을 따름이다. 아마도 페테르존은 여기서 단지 **잠정적으로**, 그러니까 가설적으로만 비-삼위일체적 종교들에게 신학[의 가능성]을 허용하고 있는 듯하다. 비-삼위일체적 종교——이것이 신학을 가질 수 있다는 전제하에서——는 저절로 정치신학을 전개하게 된다는 의미에서 그렇다는 말이다. 모든 정치를 넘어서 있는 영역, 즉 정치적인 것이 침범하기는커녕 감히 범접하거나 접촉조차 할 수 없는 절대적인 영역은 비기독교적인, 다시 말해 비-삼위일체적인 일신교에게는 결코 허락되지 않는다. 계몽주의의 일신교에 대한 판결이 간결하고 단언적이라면, 유대-기독교에 대한 판결은 무조건적이다. 상이한 민족들은 결코 하나의 단일한 "법"Gesetz 아래 통일될 수 없으며, "그렇기 때문에 유대-기독교적 유일신교가 [그들

---

2 파울루스 오로시우스(Paulus Orosius, 385~418 추정). 이베리아 반도에서 활동한 기독교 신학자, 역사가.—옮긴이

의] 정치적인 삶에 끼치는 영향은 근본적으로 늘 파괴적일 수밖에 없다"(p.63).

비기독교 신학은 우리가 "정치신학"이라 부르는 문제적인 현상의 고유한 토대인 것으로 보인다. 그것의 온상까지는 아니라 하더라도 말이다. 초대 기독교 저술가들에게서 그와 같은 흔적을 발견할 때마다 페테르존은 그것을 유대교 혹은 이교의 영향 탓으로 돌린다. 유대인과 이교도는 "신성 군주제"에 대한 그들의 사변이 **정치적인** 신학으로 취급당한다는 사실을 받아들여야 한다. 그럼에도 불구하고 그것은 **신학**으로서 인정받는다. 초대 기독교도들에게도 정치신학과 비슷한 무언가가 존재했다. 그러나 그것은 결코 **기독교적인** 신학이 아니었다. 물론 "왕 되신 하느님"에 대해 가르치는 것은 "세례 문답 교육에 있어서 기본적인 사항이었다"(p.35, 117). 우리는 이를 예루살렘의 키릴로스[3]가 저술한 교리문답을 통해 알 수 있다. 그러나 이는 초창기 기독교의 지도자들 및 호교론자들이 미처 유대교의 전통적인 가르침을 벗어나지 못했다는 사실을 말해줄 뿐이며, 그런 한에서 그들은 면책이 된다. 만약 켈수스[4] 같은 이교도 혹은 포르피리오스[5] 같은 철학자가 정치신학을 세우려고 한다면, 그것은——그들의 비-삼위일체적 일신교의 입장에서 볼 때——그들의 정당한 권리이다. 페테르존이 『헤이스 테오스』(p.254)에서 적시했듯이, 절충적인 방식으로 **단 하나의 신**의 **삼위일체**

---

3 예루살렘의 키릴로스(Cyrill von Jerusalem, 313?~386). 초대 교부, 로마 가톨릭교회, 동방 정교회 등으로부터 성인으로 추앙받고 있으며, 1883년 교황 레오 13세에 의해 교회 박사로 추대되었다.—옮긴이

4 켈수스(Celsus, 연대 미상). 고대 철학자, 기독교 비판가.—옮긴이

5 포르피리오스(Porphyrios, 233~301/305). 신플라톤주의 철학자.—옮긴이

에 대해 말하는 이교도들 또한 존재했다. [그러나] 이들은 페테르존의 1935년 논문에서는 더 이상 등장하지 않는다. 또한 그들 [특유의] 일신교는——이교적이기 때문에——**그 자체로**eo ipso 정치신학으로서 폐기되지 않는다. 기독교적인 정치신학 기획이 삼위일체 교리에 의해 말하자면 자동적으로 처리되는 것과는 다르게 말이다.

페테르존이 다룬 소재를 우리가 이처럼 자세히 톺아보는 이유는 그를 비판하며 반대하거나 비난하려는 것이 아니다. 그보다 강조되어야 할 사실은 그렇게 분명한 경계를 획정함으로써 [우리가 제기해야할] 질문이 명확해졌다는 것이다. 물론 이와 더불어 페테르존의 결론은 나의 정치신학 전반에 대한 보편타당한 진술이 결코 아니라는 사실 역시 잊지 말아야 할 것이다. 논고의 서문에서 페테르존은 성 아우구스티누스를 향한 엄숙한 탄원의 말을 적어 넣음으로써 우리가 앞에서 언급한 세 가지 형태의 형이상학적 일신교로 [문제를] 한정할 것임을 분명히 강조하고 있으며, 논고의 결론 부분(pp.97~100)에 가서 [다시한 번] 이 사실을 공식적인 테제의 형태로 밝히고 있다.

우리는 초대 기독교에 대한 박식한 전문가[의 견해]를 반박하거나 비판하려는 것이 결코 아니다. 우리는 다만 모든 정치신학을 처리했다는 그의 최종 결론이 가진 사정거리를 가늠해보고자 할 뿐이다. 유감스럽게도 페테르존은 그의 논문을 지배하는 중심적인 용어인 **정치신학**을 실증적으로 밝혀줄 수 있는 설명을 따로 내놓지 않았다. 그가 정치신학의 사례를 발견하는 곳은 비단 카이사레아의 에우세비우스에 국한되지 않는다. 페테르존은 기독교 교회의 위대한 신학자들과 성자들, 성 암브로시우스와 성 히에로니무스 등의 교부들 및 교회 박사들에게서도 정치신학을 발견한다. 위에서 언급한 예루살렘의 키릴로스가 만든 교리문답 사례에서도 보았지만, 기독교 신학의 초기 단계에 발견되는 정치신학의 경우 페테르존은 그것이 유대 전통을 완전히 극복하지 못한 까닭에 생긴 것이라며 면죄부를 준다. "본격적인 정치-신학적 성찰"이 개시되고 그 단초가 [명백히] 가시화되는 것은 오리게네스에 이르러서이다. 이렇게 된 배경으로 페테르존이 지목하는 것은 로마 이교도 켈수스의 정치신학을 상대로 오리게네스가 벌인 논쟁이다. 혹시 우리가 이교도처럼 변증법적인 표현을 사용해도 된다면, 이 로마 이교도가 [우리의] 기독교인을 [정치신학 쪽으로] 몰아갔던 것이다(pp.67~71). [하지만] 오리게네스가 제공한 단초를 "다양한 방향으로 확장시킨" 것은 그의 제자 에우세비우스였다(pp.71~81). 에우세비우스의 "역사적 영향력"은 암브로시우스와 히에로니무스 그리고 오로시우스에게까지 미칠 정도로 "엄청난" 것이었다(pp.82~96).

5장 정치신학의 원형 에우세비우스

에우세비우스는 논쟁적인 인물로서, 교회사에서는 **그리스도 안의 아버지**Vater in Christo라는 칭호로 알려져 있다. [하지만] 근대의 "아버지 없는 사회"에서 이 비유는 그를 심히 미심쩍은 인물로 보이도록 만든다. 즉 근대 사회는 에우세비우스에게 권위주의자라는 혐의를 덮어씌우는 것이다. 그런데 이는 신성 삼위일체의 제1위격이 가진 이름에게도 [똑같이] 적용되는 혐의이다. 에우세비우스는 콘스탄티누스 대제의 친구였으며, 니케아 공의회 당시 벌어진 신학적이고 정치적인 분쟁에 깊이 연루된 인물이다. 그는 아리우스와 개인적인 친분이 있었으며, [그런 까닭에] 아리우스주의 이단이라는 풍문에서 결코 자유로울 수 없었다. 우리는 [지금] 그를 옹호하려는 것이 아니며, [하물며] 그의 명예를 회복시키려는 시도는 더더욱 할 생각이 없다. [그렇다고 해서] 그를 비난하려는 것 또한 아니다. 우리는 다만 에릭 페테르존이 정치신학을 무엇으로 이해했는지를 알고자 할 뿐이다. [왜냐하면] 그는 최종 결론을 통해 [모든] 정치신학을 최종적으로 처리했다고 공포했으며, 에우세비우스가 시간의 끝[종말]까지 변함없이 정치신학의 부정적 모델로 남게 될 거라고 여겼기 때문이다.

카이사레아의 기독교 주교 에우세비우스를 향한 [페테르존의] 비난은 도덕적인 차원에서는 그의 성격을 겨냥하고 있으며, 신학적·교리적 차원에서는 그의 정통 개념을 겨냥하고 있다. 도덕적·성격적 차원에서의 고발은 에우세비우스가 기독교인으로서, 인간으로서, 그리고 역사가로서 지닌 모든 면모에 대한 가차 없는 비방으로 이어진다. 콘스탄티누스 대제를 향한 에우세비우스의 경외심은 그가 황제-교황주의자였다는 사실의 증좌가 된다. 그 말의 가장 나쁜 의미에서 비잔틴주의자, 황제의 아첨꾼, 혹은 앞서 인용한 바젤의 신학자 오버베크의 표현을 빌리자면, "황제의 신학적 가발을 다듬는 궁정 이발사"라는 것이다. 정신과학계의 교황, 바젤의 야콥 부르크하르트[1]는 심지어 에우세비우스에게는 역사가로서의 정직성이 결여되어 있다고까지 말했다. 부르크하르트의 저서 『콘스탄티누스 대제의 시대』*Die Zeit Konstantins des Großen*(1853; 제2판 1880)의 다음 문단은 **통째로**in extenso 인용해도 될 만큼 중요하다.

에우세비우스는 결코 [맹목적인] 광신도가 아니었다. 그는 콘스탄티누스가 속된 영혼을, 그러니까 냉혹하고 섬뜩한 지배욕을 가졌다는 사실

---

1 야콥 부르크하르트(Jacob Burckhardt, 1818~1897). 스위스의 역사가. 문화사의 창시자로 널리 알려져 있다. 대표 저서로 『세계 역사의 관찰』 등이 있다. —옮긴이

을 아주 잘 알고 있었다. 그리고 그가 전쟁의 참된 원인이 무엇인지 잘 꿰뚫고 있었다는 데에는 의심의 여지가 없다. 하지만 그는 **철저하게 부정직한 고대 역사가로서 으뜸가는 인물**이다. 그의 당대뿐 아니라 중세 전체를 관통하며 눈부신 성공을 거둔 에우세비우스의 전략은 어떤 대가를 치르고서라도 저 최초의 교회 수호자를 미래의 군주들이 우러러봐야 할 이상으로 등극시키는 것이었다. [바로] 이 때문에 우리는 저 위대한 천재적인 인간의 면모를 제대로 파악하지 못했던 것이다. 그는 정치에 관한 한 도덕적인 고민 따위는 전혀 하지 않았으며, 종교적인 문제 역시 철두철미하게 정치적인 쓸모의 관점에서만 생각했다.

야콥 부르크하르트의 권위는 거대하다. 그리고, 아래에서 보게 되겠지만, 그의 권위는 페테르존에게도 결정적으로 작용했다. [참고로] 자연과학적 인류학자이자 철학자 그리고 사회학자로서 높은 신망을 얻고 있는 **아르놀트 겔렌**[2]은 최근에 이르러서도 여전히 에우세비우스에 대한 위와 같은 평가에 유보 없는 동의를 표명한 바 있다.[3] 하지만 [한편에서] 이렇게 멸시를 당하는가 하면, 다른 한편으로 에우세비우스는 아주 최근까지도 지지자를 얻고 있다. 심지어 이 지지자는 황제-교황주의에 대해 특별히 비판적인 입장을 취하는 진영에서 나온 인물이다. 아르놀트 에어하르트[4]는 『정치 형이상학』*Politische Metaphysik*(제

---

2 아르놀트 겔렌(Arnold Gehlen, 1904~1976). 독일의 철학자, 사회학자. — 옮긴이
3 아르놀트 겔렌, 『도덕과 초도덕: 다원주의적 윤리학』(*Moral und Hypermoral*, 1969, p.35).
4 아르놀트 에어하르트(Arnold A. T. Erhardt, 1903~1965). 독일 태생의 영국 신학자. — 옮긴이

2권: 기독교 혁명, 1959)의 마지막 장 「콘스탄티누스와 에우세비우스」 "Konstantin und Eusebius"에서 아주 탁월하고 인상적인 방식으로 저 기독교 주교의 명예를 회복시켜주었다. 하지만 정치신학의 원형Urbild을 저 특색 없는 비잔틴주의의 원형과 나란히 세워두는 것이 정치신학의 문제와 관련하여 어떤 의미를 갖는가 하는 점은 어렵지 않게 이해할 수 있을 것이다.

신학적·교리적 관점에서 에우세비우스 주교에게 가해지는 비난은 그가 미심쩍은 방식으로 삼위일체 교리를 아리우스의 이단 교리와 뒤섞었다는 것이다. 아리우스주의자들과 달리 에우세비우스는 하느님의 아들로서 로고스는 아버지와 실체적으로 동일한 존재라는 점을 강조한다. 하지만 그는 동시에 (아버지에 의해 태어난) 아들이 (무로부터 아버지가 산출한, 다시 말해 만들어낸) **창조**와는 다른 존재라는 점 또한 강조한다. 그러니까 **만들어진** 것과 **태어난** 것은 다르다는 것이다. 그는 아버지와 아들을 동일시하는 이단적 단일신론을 피하면서 아버지와 아들의 차이를 강조하고 아들을 아버지에게 종속시키는 견해로 나아간다. 에우세비우스에게 가해지는 신학적 비난에 대해서는 그냥 내버려두도록 하자. 정치적 일신교에 대한 1935년의 논문에서 페테르존 [역시] 이 문제에 개입하지 않았다. 하지만 그는 이 문제의 특별한 중요성에 대해 잘 알고 있었다. 그래서 그는 다음과 같은 물음을 던졌다. 삼위일체의 기독교적 유일신교는 과연 유대적인 혹은 이교-헬레니즘적인 일신교와 비교 가능한 것인가? (앞의 제2부 4장 87~88쪽을 참조하라.) 여기서 시금석이 되는 것은 신성 군주제에 관한 이론인데, 이것은 다른 한편으로는 페테르존에게도 또 아르놀트 에어하르트에게도 걸림돌이었다. "당시에는 [제국 내의] 모든 교회에 단일신론의 냄새가 진동하고 있었다." 에어하르트의 이 표현(제2권 p.285)은 정치적 적개심이 신학 진영과 정치 진영 양측을 얼마나 깊이 잠식했으며 또 얼마나 위세를 떨쳤는지 잘 보여준다. "근본적으로 에어하르트는 형이상학을 신학으로 이해했으며, 따라서 정치를 본질적으로 종교적인 현상으로 생각하였다."[5] 페테르존은 두 영역의 절대적인 분리라는 원칙을 고수했다. 하지만 삼위일체 교리 자체가 이미 그와 같은 절대적 분리를 한낱 추상적인 것으로 만들어버리고 만다. 왜냐하면 삼위일체의 제2위격은 신성과 인성을 완벽하게 하나로 만들어 현시한 존재이며, 인간적으로 그의 모친인 마리아가 세계사의 한 특정한 시점에 신의 아들을 잉태한 것은 [분명한] 하나의 역사적인 사실이기 때문이다. (스승 오리게네스와는 달리) 에우세비우스는 "신성 군주제"라는 표현을 사용했다. 그러나 흠결 없는 교부들 역시 이 표현을 썼다. 삼위일체 교리에 관련된 결함만을 두고 보자면, 에우세비우스가 유달리 도드라지는 정치신학의 모델이라고 하기는 어려운 것이다. 이런 이유에서 페테르존은 에우세비우스의 두 번째 교리상의 결점, 즉 구원사와 종말에 관해 그가 가진 잘못된 견해로 초점을 옮긴다. 에우세비우스는 [한편으로] 구세주의 역사적 출현에 관한 교리와 콘스탄티누스를, [다른 한편으로는] 때가 차면 온 세상이 하나로 통일될 거라는 [종말론적] 교리와 로마제국을 각각 결부시킨다.

이 말은 페테르존이 니케아 공의회라는 구체적인 역사로부터 에

---

5 프란츠 비아커, 「서문」(Franz Wieakcer, "Vorwort", *Politische Metaphysik*, vol.3, 1969, p.IX).

우세비우스라는 모델을 탈각시키고 [이를 통해] 후자가 가진 역사적 신빙성을 허물어뜨렸음을 뜻한다. [바로] 이 신빙성이야말로 에우세비우스를 설득력 있는 사례로 만들어주는 것임에도 불구하고 말이다. 에우세비우스 주교의 본무대였던 니케아 공의회에서 다뤄진 주요 의제는 삼위일체 교리, 더 구체적으로는 성부와 성자의 관계에 관한 교리를 어떻게 확정할 것인가 하는 것이었다. [여기서] 중요한 것은 종말론에 관한 교리상의 질문들이 아니었다. 당시 이 질문들이 현재성을 가졌던 것은 서로마 교회에서였으며, 동로마 교회에서는 그렇지 않았다. 그러나 니케아 공의회에서는 신학적·교리적 분쟁이 궁정 관리들의 음모와 뒤얽혔고, 수도승들이 군중을 부추겨 반란을 일으켰으며, [그런 탓에] 온갖 종류의 싸움이 횡행했다. 결과적으로 니케아 공의회는, 역사적인 현실 속에서는 종교적인 동기와 목적을 정치적인 동기와 목적으로부터 내용상 명확하게 분리할 수 없다는 사실을 입증하는 선례가 되고 말았다. 시대를 불문하고 수많은 교부, 교회 박사, 순교자, 성인들은 그들이 가진 기독교 신앙에 의거하여 당대의 정치적 투쟁에 열성적으로 뛰어들었다. 경우에 따라서는 광야로 물러나거나 주상柱上 고행을 하는 것조차 정치적 시위가 될 수 있다. 세속적인 차원에서는 정치적인 것이 새로운 현상형식을 통해 잠재적으로 늘 편재한다면, 정신적[영적]인 차원에서는 신학적인 것이 그렇다고 할 수 있다.

이단의 혐의를 받은 4세기의 주교가 20세기 정치신학의 원형으로 설정될 수 있었다면, 그것은 아마도 정치와 이단 사이에 모종의 개념적 연관성이 존재하기 때문일 것이다. 즉 이단자는 **그 자체로**eo ipso 정치신학자이며, 이에 반해 정통 신자는 순수한, 그러니까 비정치적인 신학자라는 말이다. 그렇다면, 대관절 어떤 경우에 정치신학은 (페테르존의 최종 결론에 쓰인 표현을 빌리자면) [특정한] "정치적 상황을 정당화하기 위해 기독교의 복음을 오용"하는 것이 되는가? 혹시 삼위일체 교리를 벗어난 이단적인 교리를 만들어내고 퍼뜨리려 할 경우에만 유독 그렇게 되는 것일까? 만약 정말로 그렇다면, 이단 교리를 신봉하는 정신은 정치신학의 본질에 속해야 할 것이다. 만약 페테르존이 [정치신학의] 부정적 모델인 에우세비우스의 반대편에 어떤 긍정적 모델, 즉 콘스탄티누스와 에우세비우스 시대에서 어떤 비정치적·삼위일체적인 신학자의 모델을 찾아 제시했다면, 그랬다면 더 좋지 않았을까? 그랬다면 페테르존은 흠잡을 데 없는 정통 삼위일체론을 순수한 비정치적인 신학의 명징한 사례로 내세울 수 있었을 것이다. 여기서 혹자는 곧바로 에우세비우스의 강력한 적수, 즉 성 아타나시우스를 떠올릴 것이다. 성 아타나시우스는 정통 삼위일체 교리의 상징과도 같은 인물로, 그의 이름[이 가진 위력]은 19세기에 이르러서도 여전히 대단한 것이어서 요제프 괴레스[6] 같은 위대한 정치적 저널리스트가 프로이센 국가에 맞서 교회를 옹립하여 싸울 때(1838년) 투쟁의 구호로 사용했을 정도였다. 아타나시우스가 정통 기독교 삼위일체 교리의 신학자라는 점에는 이견이 없다. 하지만 이 호전적인 남자는 그의 정통 교리에도 불구하고 비정치적인 신학의 사례로서는 결코 타당성을 가질 수 없는데, 특히 평화를 위해 고심한 에우세비우스가 정치신학의 사례로 제시되었기 때문에 더더욱 그렇다. 만약 그렇지 않다면, 우리는 다음과 같

---

6 요제프 괴레스(Josef Görres, 1776~1848). 독일의 가톨릭계 언론인. ─ 옮긴이

은 결론을 내리지 않을 수 없을 것이다. 즉, 페테르존에게는 정통 교리를 믿는 신자들이 궁정에서 음모를 꾸미거나 거리에서 시위를 할 경우 그것은 [여전히] 순수한 신학이지만, 이에 반해 만약 그와 똑같은 행동을 이단자들이 한다면 그것은 그 **자체로**eo ipso 순수한 정치가 되어버린다. [그러나] 에우세비우스의 반대 사례로 제시되는 것은 세 명의 위대한 카파도키아 신학자들, 즉 성 대 바실리우스[7]와 나지안주스의 그레고리우스 그리고 니사의 그레고리우스[8]이다. 나지안주스의 그레고리우스는 페테르존의 1931년 논문과 1935년 논고에서 교리적으로 흠잡을 데 없는 정통 삼위일체 신학의 결정적인 주요 증인으로 등장한다. 오늘날(1969년) 우리는 마르크스주의적 신학 논쟁의 [커다란] 압박으로 인해 저 위대한 세 명의 카파도키아 사람들을 더 이상 **적합한 증인**testes idonei으로 소환할 수 없게 되었다. 왜냐하면 그들은 모두 부유한 토지소유주들——오늘날 혹자는 쿨라크[9]라고 부를 수도 있을 텐데——이었기 때문이다. 마르크스주의 훈련을 받은 비판가라면 그들의 신학 이론을 계급 이데올로기의 선명한 사례, 즉 그들의 사회-경제적 조건이 상부구조에 반영된 결과로 "이해"하는 데 아무런 어려움을 느끼지 못할 것이다.

이 점에 대해 아마도 페테르존은 생각하지 못한 듯하다. 그는 추상의 차원에 머무르기를 선호했다. 삼위일체 개념을 발명한 그리스 교

---

7 성 대 바실리우스(Basilius der Große, 330?~379). 카이사레아의 주교, 교부.—옮긴이
8 니사의 그레고리우스(Gregor von Nyssa, 335/340~394 이후). 카파도키아 출신의 교부. 성 대 바실리우스의 동생, 나지안주스의 그레고리우스의 친구였다.—옮긴이
9 쿨라크(Kulak). 1917년 혁명 이후 부를 축적한 러시아의 농민들을 경멸적으로 일컫는 단어.—옮긴이

부들에 대해 설명한 다음 페테르존은 서둘러 저 위대한 라틴 교부 아우구스티누스를 종말론적 평화 개념의 신학자로 출현시킨다. [앞서 말했듯이] 그는 아우구스티누스에게 제 논문을 헌정했으며, 그의 이름을 부르며 기도를 올렸다. 이와 같은 방식으로 페테르존의 논문은 신앙심을 고취시키는 결론에 다다를 수 있었던 것이다. 하지만 그것은 너무 성급히 내려진 결론이었다. 그것은 에우세비우스가 삼위일체 교리에 대해 부적절한 견해를 가진 아리우스주의자였다는 이유에서가 아니라, 구원사적으로 결정적인 중요성을 로마제국에 부여한 거짓 종말론자였다는 이유에서 그를 불가능한 정치신학의 원형으로 만들었기 때문이다. 이렇게 해서 [애초부터] 서로 뒤섞여 있는 정신적[영적]인 것과 세속적인 것, 저승과 이승, 신학과 정치 등은 오직 엄밀한 제도화를 통해서만 구별될 수 있다는 [근본적인] 사실이 은폐되고 말소되어 버린 것이다.

그러니까 기독교의 시간 전체는 하나의 긴 행군이 아니다. 그것은 단 하나의 기나긴 기다림이며, 두 개의 동시성 사이의 긴 중간기Interim, 구세주가 로마 황제 아우구스투스 치하에 태어나신 때와 장차 시간의 끝에 이르러 다시 오실 순간 사이의 과도기이다. 이 거대한 과도기 안에 다시 크고 작은 지상[속세]의 중간기들이 끊임없이 새롭게 발생하는데, 이 사이-시간들 속에서 무엇이 올바른 믿음인가라는 교리상의 문제는 수 세대가 지나는 중에도 [계속해서] 미결 상태로 남겨지기 일쑤이다. 눈앞에서 벌어지는 사건들을 기독교적·종말론적으로 해석하는 행위는 쉽게 차단할 수 있는 것이 아니며, 파국의 시대에는 사실 그러한 해석이 문제 상황을 새롭게 보게끔 해주는 예상 밖의 힘을 발휘하기도 한다. 여기에 결부된 어려움을 페테르존은 아주 잘 알고 있었다. 왜냐하면 기독교 교회는 임박한 종말에 대한 기대를 퍼뜨림으로써 이 세계 내의 모든 직접적인 [정치적] 활동을 마비시키기 때문이다. 이렇게 해서 종말론은 "최후의 일들에 대한 이론"으로 바뀐다. 1929년 「교회」라는 제목으로 진행한 강연에서 페테르존은 이렇게 말한다.

> 이 모든 것에도 불구하고 교회가 모종의 양가성을 수반하고 있다는 것은 맞는 말이다. 교회는 유대인들의 메시아 왕국처럼 명확히 규정된 종교-정치적 조직이 아니다. 그렇다고 해서 교회가 정치와 지배 따위의 개념들을 전혀 허락하지 않는 순수하게 영적인 조직인 것 또한 아니다. 교회는 오로지 섬기는 역할에 국한된 조직이다. 교회에 수반된 양가성의 정체는 제국과 교회가 상호 침투해 있다는 사태로써 설명된다. 니체와 같은 모럴리스트로 하여금 기독교의 모든 개념들에 대해 격분하게 만든 이 양가성을 초래한 것은 유대인들의 불신앙이다. (『신학논집』, pp.423~424)

"교회에 수반된 양가성"이란 말은 중대한 귀결을 낳는다. 특히 정신적[영적]인 것과 세속적인 것의 두 영역을 내재적으로 분리하는 문제와 더불어 정치신학과 관련해서는 더욱 그렇다. 즉각 다음과 같은 의문이 떠오를 것이다. 만약 정치신학이 처리되어야 하는 것이라면, 기독교 교회 안에서 정치신학에 적합한 주체가 될 수 있는 이는 대관절 누구인가?

어느 경건한 기독교인이 눈앞에서 발생하는 정치적인 사건들에서 하느님의 손길을 발견하고 그분의 섭리가 [이 세계를 두루] 주재하심을 깨달았다고 치자. 페테르존에 따르면, 이것은 정치신학이 아니다. 왜냐하면 그것은 신학적·교리적 차원에서 주목할 만한 일이 아니기 때문이다. [그러나] 실제로 이와 같은 의미에서의 정치신학을 실천하지 않은 기독교 민족은 단 하나도 존재하지 않는다. 모든 기독교 민족은 그리스도의 군사와 그의 교회를 수호하는 자들을 칭송하고 심지어 성인으로 추대한다. 그리스도의 교회가 세속적인 성공을 거두든 아니면 몰락하든 관계없이 그들은 거기서 어떻게든 모종의 신학적인 의의를 찾아낼 것이다. 교회는 신학자들만으로 구성되는 단체가 아니다.

그렇다. 신학은 단지 자기 자신만을 주제로 삼는 것이 아니다. 그것은 자신이 만들어낼 수 없는 믿음, 즉 이미 주어져 있는 믿음 역시 성찰의 대상으로 삼는다. 마찬가지로 교회 역시 스스로를 확고한 경계를 가진 거룩한 삶의 영역으로 제한해서는 안 되며, 기독교적인 삶의 전 영역, 그러니까 교회라면 대개 세례, 견진, 혼인, 장례 등의 성사 따위를 떠올리는 이른바 주변인들까지 빠짐없이 포괄하는 영역으로 확장되어야 한다. 이 의무는 흔히 교회 사람들에게 손쉽게 무시되고 있지만, 근본적으로 그것은 기독교 복음의 범위 안에 속하는 사항이다. 교회는 이 영역에 대한 의무를 결코 선교의 사명과 동일한 것으로 여겨서는 안 된다. 교회는 바로 그러한 기독교를 대변하는 기관이기 때문이다.
— 클라우스 v. 보르만, 「이성의 신학화: 복음주의 신학의 새로운 경향

바로 이런 점에서 가톨릭교회는 실로 대단한 **관용의 힘**tolerari potest을 증명해왔다. 가톨릭교회는 적들로 하여금 그러한 관용의 내용과 한계가 무엇인지 가르치려 들 수 있는 여지를 결코 내주지 않았던 것이다. 페테르존 사유의 행보를 들여다보면, 그 역시 정치신학과 관련하여 평신도의 자유를 누렸다고 말할 수 있다. 왜냐하면 [정치신학에 관해] 비-신학자가 무슨 말을 하든지 그것은 [가톨릭교회에게] 그다지 중요한 것이 아니기 때문이다. 페테르존이 유대인과 이교도에게 정치신학을 허용했다면, 그것은 경건한 기독교인에게도——비록 비본래적인 의미에서일지언정——똑같이 허용되어야 할 것이다. 게다가 웬만한 가톨릭 평신도는 교리를 향한 공명심 따위는 갖고 있지 않으며, 교리와 관련하여 **완고한 태도**animus dogmatizandi를 보이는 경우는 극히 드물기 때문에 더더욱 그렇다. 반항적인 **정신**animus이 근대 기독교 교회사 안으로 침투한 것은 [참으로] 위험한 일이었다. 이 사건은 종교개혁 시대에 [하느님의] 말씀[성서]에 의거한 카리스마를 내세운 프로테스탄트 설교자들이 처음 일으킨 것으로서, [카리스마는] 결국 세속화되고 가치중립적인 것이 되고 말았다. 막스 베버는 이를 명실상부한 "역사의 혁명적인 힘"이라고 불렀다(『경제와 사회』, p.666).

정치-신학적 관점에서 가톨릭 평신도와는 전혀 다른 입장에 서

---

10 클라우스 v. 보르만, 「이성의 신학화: 복음주의 신학의 새로운 경향들(탈신화화)」(Claus v. Bormann, "Neuere Strömungen in der evangelischen Theologie", *Studium Generale*, vol.22, Fascicle 8, 1969, p.768).

있는 가톨릭 주교나 고위 성직자는 교회의 이익을 위해 직무와 소명에 따라 정치적인 활동을 할 수 있으며, 이 경우 교리와 신학의 문제에 얽매이지 않아도 된다. [하지만] 탈신학화되고 탈교회화된 세계를 살아가는 그의 상황을 니케아 공의회에 참석했던 사람의 처지에 견줄 수는 없을 것이다. 정치와 종교, 정치적인 것과 신학적인 것이 함께 만들어낸 해체 불가능한 혼합체는, 종교에 대해 찬성하거나 반대할 수 있는 자유와 관련해서 볼 때, 콘스탄티누스 시대와는 [전혀] 다른 연원 및 결과를 갖는다. 왜냐하면 [후자의 경우] 강력한 로마 황제가 기독교 주교들에게 평화로운 회담 공간을 보장해주었고, 페테르존이[11] 경탄해 마지않았던 저 군중들의 폭동, 즉 수도승들에 의해 신학적으로 훈련된 군중들이 일으킨 폭동으로부터도 보호해주었기 때문이다. 우리에게 조금 더 가까운 사례를 통해 정치신학 혹은 신학 정치의 현상형식들 가운데 보다 덜 혁명적인 형식에 대해 알아보기로 하자. 그 사례란 1929년 2월 11일 교황청과 이탈리아──더 구체적으로는 무솔리니가 이끄는 파시즘 정권이 다스리던 시기의 이탈리아──왕국이 체결한 라테라노 조약을 말한다.

당시 수백만의 경건한 로마 가톨릭 신자들에게 라테라노 조약은 섭리에 준하는 사건이었다. 당시 소피아에는 향후 교황 요한 23세가 될 한 남자가 머무르고 있었는데, 1929년 2월 24일 그는 누이에게 보낸 편지에서 다음과 같이 적었다. "주님을 찬양하자! 프리메이슨, 그러니까 악마들이 이탈리아에서 지난 60년간 교회와 교황을 상대로 부리

---

11 에릭 페테르존, 「신학이란 무엇인가?」.

던 흰수작들이 이제 모조리 박살났으니 말이야." 이것은 틀림없이 경건한 기독교인이자 미래에 교황이 될 사람이 한 말이다. 이 말은 교리와 교황 무오류성 따위를 가리키는 신학적인 진술이 아니다. 따라서 페테르존의 판결에 구속되지 않는다. 그렇다면 교리의 진리 혹은 무오류성을 참칭하지 않는 모든 견해는 비신학적·정치적이란 뜻인가? 그렇다고 한다면, 정치신학에 실제로 남아 있는 것은 무엇인가? 당시 교회법을 가르치는 교수이자 교황청의 서기장이었으며 또한 독일 가톨릭 신자들의 정치적 지도자였던 주교 루트비히 카스는 1933년 초 (그가 베를린의 빅토어 브룬스Victor Bruns 교수와 공동으로 편집하던) 학술지 『외국 공법 및 국제법』 제3권에 「파시즘 체제하 이탈리아의 종교협약 유형」"Der Konkordatstyp des faschistischen Italien"이라는 논문을 게재한다. [이 글에서] 카스는 무솔리니를 "진실한 소명을 받은 정치가"로 칭송한다. [하느님으로부터] **도눔 디스크레티오니스**donum discretionis, 즉 분별의 은사恩賜를 받은 덕분에 한때 마르크스주의자이자 자유 사상가였던 그가 이제는 **역사를 올바르게 교정하는 도구**로 쓰이게 되었다는 것이다. "기독교 신자라면 이를 섭리라고 부를 것이지만, 비신자들이라면 사필귀정이라고 부를 수도 있으리라." 그러나 여기서 무솔리니에게 부여된 분별의 은사는 정통과 이단을 구분하는 신학적 은사——페테르존에 따르면 이것은 [이단에 대해] 불관용할 수 있는 권리의 토대이다——가 아니라, 적과 동지를 구분하는 정치적 은사라고 해야 한다. 카스의 논문은 무솔리니와 파시스트를 지지하는 **정치적인 선택**이었을까? 비록 그것이 **체제가 강력하게 존속하는 한에서**tant que cela dure의 선택이었다고 해도 말이다. 당연히 그의 논문은 교리에 대해 이야기하지 않으며, 따라서 페테르존의 판결 대상이 되지 않는다. [그러므로 결국 정치신학의] 전형이 되기 위해서는, 저 불운한 주교 에우세비우스가 그랬듯이, [니케아] 공의회에 참석하여 패배하는 쪽에 서야 하는 것이다.

에우세비우스를 불가능한 기독교 정치신학의 원형으로 둔갑시킨 결정적인 교리적·신학적 비난은 삼위일체 교리가 아니라 시간의 종말과 진정한 평화에 관한 구원사적 이론과 관련된 것이었다. 진정한 평화를 가져올 수 있는 이는 이 세계의 황제나 제국이 아니라 오직 이 세계와 인류를 위해 다시 오실 그리스도뿐이다. 콘스탄티누스의 예찬자이자 로마제국의 찬미자로서 에우세비우스는 너무 멀리 나아갔다. 그는 콘스탄티누스를 황제 아우구스투스에 견주었다. 저 기독교 주교의 눈에 아우구스투스는 이교를 신봉하는 민족들의 정치적 다원주의를 극복한 자, [세계] 내전을 극복한 자, 평화를 세운 자, 끔찍한 내전을 겪은 뒤 마침내 평화를 되찾은 통일된 세계의 군주였다. 에우세비우스의 서술에 따르면, 콘스탄티누스는 아우구스투스가 시작한 것을 끝맺은 사람이다. 즉 아우구스투스의 군주제는 "민족국가 체제의 중단"을 뜻하며, 이는 "섭리에 의해 그리스도의 출현과 하나로 연결되었다"는 것이다. 그러나 다수에 대한 일자의 승리, 다신교와 이교 민족들의 폴리스-미신Polis-Aberglauben에 대한 참된 일신교의 승리를 성취한 것은 다름 아닌 기독교였다. 로마제국은 평화였고, 내전의 분열과 반란에 대한 질서의 승리였다. 하나의 신-하나의 세계-하나의 제국. 페테르존에게 이런 유의 신성 군주제는 기독교 종말론의 신학적 관점에서 용납할 수 없는 정치신학의 전형이었다. 설령 이 하나의 신이 [예수] 그리스도, 즉 기독교 삼위일체의 [제2위격인] 신-인Gott-Mensch이라고 해도 마찬가지다. 왜냐하면 이 세계에 진정한 평화와 진정한 통일을 가져오는 이는 시간의 끝에 다시 오실 그리스도뿐이기 때문이다.

디오클레티아누스 황제의 기독교 박해를 견뎌낸 에우세비우스 같은 주교가 그 박해에 종지부를 찍은 로마 황제 콘스탄티누스를 넘치는 언사로 칭송한 것은 자연스러운 일이다. 이 주교가 그 황제를 하느님 혹은 그리스도와 혼동한 것이 아닌 한, 그를 신학적으로 처리한다는 것은 어불성설이다. 분명 에우세비우스는 그렇게 하지 않았다. 하지만 그는 황제를 적그리스도로 여길 수도 없었다. [이 문제에 관한] 에우세비우스의 생각이 무엇이었는지 정확히 알 수 있다면 [실로] 흥미로울 것이다. 특히 로마제국을 바울의 서신(「데살로니가후서」 2장 6절)에 나오는 카테콘Kat-Echon, 즉 적그리스도를 저지하는 자로 규정하는 해석에 대한 그의 견해를 더 자세히 알 수 있다면 말이다. 하지만 여기서 우리에게 중요한 것은 오직 페테르존의 최종 결론이 진술하고 있는 내용을 정확하게 파악하는 일이다. 박식한 문헌학자이자 주석가인 페테르존은 카테콘을 무엇이라 생각하였는가? 우리가 알고 있는 답은 이것이다. 유대인들의 불신앙. 오늘날까지 여전히 기독교로의 개종을 거부하는 그들의 고집이 기독교 시대의 종말을 저지하고 있는 것이다(본서의 82쪽 각주 5번을 참조하라).

에우세비우스의 사변 속에서 황제 아우구스투스의 인격은 "기독교 자체에 필연적이고 의미심장한 것"으로서 등장한다(「정치적 문제로서의 유일신교」, p.83). 아우구스투스에게서 일신교의 출발을 본 에우세비우스는 근본적으로 "정치적인 이유에서 로마제국을 선택했던" 것이다(p.80). 그리고 그의 신학적 역사 해석에서는 "정치적인 동기와 수사적인 동기가 교차하고 있다"(p.84). 이 때문에 기독교 신학이 정치신학으로 격하된 것이다. 어디서 거짓 정치신학이 끝나고, 어디서 절대적으로 비정치적인 올바른 기독교 신학이 시작되는지 가늠할 수 있게 해주는 것은 몇 가지 짧은 암시가 고작이다. 로마 황제 아우구스투스는 그 자체로 기독교 구원사에 속한다. 역사적·정치적 사건들에서 하느님의 손길을 발견하고 그분의 섭리를 인지하는 것은 내가 보기에 비기독교적인 것이 아니다. 다만 이것이 어떤 "정치적인 선택"으로 이어져서는 안 된다. 왜냐하면 그럴 경우 그것은 더 이상 신학적인 것이 될 수 없기 때문이다. 페테르존의 논변은 순수한 신학적인 것과 불순한 정치적인 것 사이에서, 그러니까 양자 사이의 추상적인 절대적 분리 속에서 움직이고 있다. 이 분리의 효력 덕분에 그는 구체적인 역사적 사건들 속에서 정신적[영적]인 것과 세속적인 것이 서로 뒤엉키는 구체적인 현실을 사뿐히 지나쳐 갈 수 있었던 것이다.

사실 에우세비우스에 대한 페테르존의 날선 비판에서 관건은 전자의 견해에 대한 면밀한 교리적·신학적인 검토가 아니었다. [심지어] 그런 기미조차 보이지 않는다. 저 황제의 친구가 제시한 노골적이고 미심쩍은 견해, 즉 (아직 세례도 받지 않은) 콘스탄티누스가 주교의 자격이 된다거나 사도의 직무를 맡을 수 있다고 한 견해에 대해서는 일언반구도 없다. 일신교적 삼위일체 개념 및 초월적이고 내세적인 종말 기대가 야기하는 수많은 신학상의 근본적인 질문들로 인해 문제를 타당한 방식으로 단순화하고 이를 통해 모든 정치신학에 대해 명확하게 판단하는 일이 난망해진 것이다. 에우세비우스를 교리적·신학적으로 처리하는 것은 곧 정치신학을 처리하는 것이다. 그런데 [일단] 에우세비우스를 정치신학의 원형으로 규정하게 되면, 하나의 인격체로서 그가 가진 도덕적이고 지적인 면모마저 매장하는 일도 가능해진다. 페테르존이 결국 야콥 부르크하르트와 오버베크가 [에우세비우스에게] 내린 저주와 다를 것이 없는 판결에 도달하는 것은 이런 이유에서이다. 물론 페테르존은 그런 자유주의적인 저자들을 인용하거나 명시적으로 에우세비우스에게 황제-교황주의 혹은 비잔틴주의 등의 딱지를 붙이는 일을 삼가긴 했지만 말이다.

이 박식한 독일 신학자는 정치신학자 에우세비우스를 순수 신학의 영역에서 추방하는 데 필요한 일련의 차별적 개념들을 수중에 충분히 갖고 있었다. 첫째, 그는 에우세비우스를 **이데올로그**라 칭했다. 물론 기독교 이데올로그로 한정하긴 했다. 비록 "기독교 이데올로기"라는 표현은 [페테르존의 논문에] 딱 한 번 등장할 뿐이지만(p.82), 그래도 이 표현은 결정적이다. 게다가 그것은 인용부호를 달고 있지도 않다. 그것은 기독교의 관할 구역에서 정치신학의 원형이자 전범이 되는 사례를 타격하여 제거하는 역할을 한다. 이와 동시에, 이렇듯 파급력이 큰 에우세비우스의 **신학적 사변**의 연원은 이교도 켈수스로 거슬러 올라간다. "그러한 기독교 이데올로기를 만들어내는 계기가 된 인물은 결국 켈수스"라는 것이다. [페테르존이] 신학적인 차별 개념으로 사용한 두 번째 [용어는] **프로파간다**Propaganda이다. 프로파간다는 특히 알렉산드리아의 필론과 헬레니즘적 유대교의 교육 전통을 계승한 유대-기독교 저자들에 의해 계발되었다. 다신교적 이교 세계에서 이들은 "신성 군주제"를 설교함으로써 개종자들을 얻었다(p.31). [페테르존에 의해] 오명을 뒤집어쓴 세 번째 그룹은 이교의 내력을 지닌 기독교 저자들이었다. 이들은 고대의 사유와 언어 양식에서 유래한 **수사**Rhetorik를 즐겨 사용했고, 그들의 예술과 관련하여 전래의 **토포스**Topoi를 고수하였으며, [그런 까닭에] 신학적 "성찰"[의 단계]에 미처 이르지 못했다는 것이다. 한낱 수사학자에 불과하다는 비난은 콘스탄티누스의 예찬자이자 교회사가인 에우세비우스에게 치명상을 입힐 수 있는 것이었다. 에우세비우스가 로마제국이 보장한 안전한 거래에 대해 언급한 것은 "로마에 바치는 찬가에 [으레] 들어가는 수사적 토포스를 일정 부분 따른 것이다. 이를 통해 그가 실제로 이야기하려 한 것은 로마제국이 자유로운 거래를 허락한 덕분에 기독교인들이 복음을 전파하기가 훨씬 용이해졌다는 사실이다. 로마제국에서는 모두가 하나의 가족이 된다는 그의 생각 역시 수사학에서 연원한 것이다".

페테르존은 **수사학자 에우세비우스**에 대해서는 따로 연구할 필요가 있다고 생각했으며, 그가 히에로클레스[12]에 대항하여 저술한 텍스트는 "에우세비우스가 심지어 제2소피스트 운동의 언어까지 섭렵했음"을 보여준다고 여겼다(p.145, 각주 136번). 마지막으로 페테르존은 역사가 에우세비우스에 대한 야콥 부르크하르트의 맹비난을 수용하는데——물론 이 권위 있는 바젤 명사名士를 인용하지는 않지만——이는 그가 인용부호를 붙인 "역사가"라는 말로 에우세비우스를 호명한 사실을 통해 알 수 있다(p.140). 심지어 에우세비우스는 유대적·이교적 신학의 관점에서 정치신학자로서도 이미 "낡은" 인물로 치부되기까지 한다(「신성 군주제」, p.563). 기독교 정치신학의 원형이 이미 1500

---

12 히에로클레스(Hierokles, 서기 2세기). 스토아 철학자. —옮긴이

년 전에 신학적으로 낡아버린 인물이라면, 그가 오늘날에는 얼마나 더 케케묵었을지는 상상조차 하기 어렵다. [이렇듯] 기독교인 저자를 학문적으로 처리한 다음 뒤따르는 작업은 성격의 측면에서 그를 도덕적·정치적으로 처리하는 일이다. [이와 대조적으로] 에우세비우스의 스승 오리게네스에게는 "사유의 정직성"을 증명하는 서류가 발급된다(p.65). 다시 말해 그는 "근본부터 비정치적인 오리게네스"라는 것이며(p.70), 그런 까닭에 이교 정치신학자인 켈수스의 영향 아래 굴복할 수밖에 없었다는 것이다(p.70). [하지만] 그의 충직한 제자 에우세비우스에게는 그처럼 에누리를 봐줄 만한 사정이 존재하지 않는다. 평화와 질서를 사랑했음에도 불구하고 그는 명백히 정치적인 본성을 가졌으며, 바로 이 특성이 그로 하여금 [오늘날] 우리가 정치신학이라는 이름으로 지칭하는 모든 것의 전형이 되도록 예정해놓았다는 것이다.

이와 같은 방식으로 1935년 독일의 자칭 비정치적인 신학자는 325년의 공의회에 참석했던 정치적인 에우세비우스를 신학적·주석적·문헌학적·역사적·학문적으로 엄청난 박학을 동원하여 처리하는 데 성공했다. 원형이 되는 사람의 인격ad personam을 처단함으로써 문제가 되는 사안 자체, 즉 정치신학 자체를 처리해버린 것이다. 이것이 1500년 동안 교회사의 아버지로 존경받아온 기독교 주교를 그토록 심하게 폄훼한 진의이다. 우리는 여기서 1925년과 1935년 사이에 프로테스탄트 신학계에 발생한 위기로 인해 발생한 한 가지 정치적인 물음에 대한 하나의 정치적인 답변을 상대하고 있다. 페테르존은 흠결 없는 교리주의Dogmatismus로 회귀함으로써 그 위기를 모면했으며, [더 나아가] 순수하게 신학적인 것에서 흔들리지 않는 요새를 되찾았다고 믿었다. 하지만 그의 논변을 자세히 톺아보면, 그의 교리적·신학적 논증은 [그저] 원형 에우세비우스를 처리하는 부분에서만 설득력을 가질 뿐이다. 오직 그와 같은 방식을 통해서만 [페테르존은] 1925~1935년의 적들을 구체적으로 타격할 수 있었다. 그러나 페테르존은 순수한 신학과 불순한 정치 간의 추상적·절대적 분리를 넘어 더 나아가지 못했다. 그는 프로테스탄트 신학의 위기에서 빠져나와 비신학적인 것을 모조리 부정하는 쪽으로 퇴각했던 것이다. 여기서 그는 정치적인 것의 개념에 대항하여 방벽을 쌓았다. 바로 그 정치적인 것이 교회, 국가, 사회의 현 상황을 똑바로 인식하게 해주는 새로운 학문적 개념임에도 불구하고 말이다. 그렇다고 해서 페테르존이 종말론자가 된 것은 아니었다. 그는 이 세계에 종말이 도래했음을 선포하지 않았고, 히틀러를 적그리스도의 꼭두각시로 여기지도 않았다. 그는 1935년의 논문에서 보여준 것처럼 신학적으로 매우 신중한 태도를 견지했다. 앞에서 우리는 삼위일체 교리와 두 제국 이론에 의존하는 그의 순수 신학적 논변에 내재한 문제들을 살펴보았다. 거기서는 구체적인 호소력이 전혀 나오지 않았다. [게다가] 그 논변은 전부 1931년의 논문에서 이미 제시되었던 것이다. 1935년의 실제적인 적을 악명 높은 황제-교황주의자 에우세비우스라는 역사적인 인물을 통해 낯설게 만든 점만이 크게 보아 설득력 있다고 할 수 있을 것이다. [페테르존의 이 전략에] 모든 [형태의] 국가 절대주의 및 민족적 혹은 인종적 전체주의를 적대시하는 기독교 신자들만 설득당한 것이 아니었다. 모든 자유주의자, 반교권주의자, 그리고 마지막으로 고전적인 교육을 받은 모든 인문주의자들 역시 유보 없이 [그에게] 동의했다.

1935년의 페테르존에게는 그처럼 표적을 제대로 타격하는 논쟁을 개시할 권리가 충분히 있었다. [그러나] 그 논쟁으로 인해 정치신학 및 정치적인 것의 개념이라는 거대한 문제가 소멸된 것은 아니었다. 페테르존의 논문이 낳은 실제 효과, 그러니까 논문의 핵심은, 혹시 이렇게 말해도 된다면, 저 거대한 문제를 처리한 것이 아니라 정치적인 신화를 효율적으로 활용했다는 점에 있다. 페테르존은 황제-교황주의와 비잔틴주의라는 신화를 암암리에 전제하는 동시에 강조한다. 자유주의 시대였던 19세기 중반 야콥 부르크하르트는 에우세비우스에 대한 부정적인 신화를 퍼뜨렸고, 그가 가진 막강한 권위 덕분에 이 신화는 아무런 저항 없이 [학계에] 정착하게 되었다. 부르크하르트의 권위는 당대[를 풍미한] 정신과학의 문화가 낳은 산물인데, 신학자 페테르존은 1925년의 강연 「신학이란 무엇인가?」에서 정신과학을 경멸하여 그것과의 절연을 공언했었다. [그런데] 바로 그 정신과학의 권위자인 야콥 부르크하르트가 1935년에 와서는 [이제는] 전설이 되어버린, 이른바 순수 신학적인 논문을 쓰는 신학자 에릭 페테르존에게 익명을 가장한 채로 비길 데 없이 커다란 영향력을 발휘하기에 이른 것이다. 이 신학자는 정신과학의 위력을 빌려 와서 고급 신학의 영역에서 낯설게 하기 기법을 구사하는 데 사용하는 법을 알았던 것이다. 그는 그 힘을 시대 상황에 맞게 요리할 줄 알았다. 이런 방식으로 페테르존은 자신의 1935년 논문을 유명하게 만들고 정치적으로도 높은 평가를 받게 만들 수 있었던 것이다.

종교적인 것이 무엇인지 교회가 명확히 규정할 수 없고, 정치적인 것이 무엇인지 제국 혹은 국가가 명확히 규정할 수 없게 되면, 그 두 개의 제국 혹은 영역을 실질적·내용적으로 분리하는 일은 더 이상 불가능해진다. 그 두 제국이 [상호] 승인된 제도로서 실제적으로 존립하던 시대가 [이미] 끝나버렸기 때문이다. 장벽이 무너진 것이다. 예전에는 [명확히] 구획되던 공간들이 마치 라이트 아키텍처[13]로 꾸며진 미로처럼 이제는 마구 뒤섞이고 상호 침투하는 것이다. 그렇다면 신학적인 것의 절대적 순수성純粹性을 주장하는 목소리에도 신앙이 결여될 수 있을 것이다. [이제] 페테르존의 판결은 공허해진다. 그의 판결을 비신학적 사유로 확장하는 것은 그 판결의 공허함을 더욱 분명하게 드러내줄 뿐이다. 1947년의 논문 「실존주의와 프로테스탄트 신학」"Existentialismus und protestantische Theologie"에서 페테르존은 하이데거 철학에 대해 다음과 같이 말한다. 하이데거의 철학에서 우리는 "신학적인 개념들을 일반적인 개념들로 변형시킬 경우 어떤 귀결이 나오는지 분명히 보았다". 다시 말해,

> [이 세계의] 시간 속에서 [몸소] 인간이 되신 하느님을 향한 결단이 [한낱] 당대의 화신[일 뿐]인 영도자를 향한 결단으로 변형되는 왜곡이 발생하는 것이다.

이 주장에 따르면, 의식적으로 비신학적인 입장을 취한 하이데거

---

13 라이트 아키텍처(Lichtarchitektur). 1926년 자연과학자 요아힘 타이히뮐러(Joachim Teichmüller)에 의해 도입된 건축 용어로, 조명이 가진 공간 창출 능력을 강조하는 개념이다. 간단히 말해 조명을 어떻게 설치하고 활용하느냐에 따라 건축물이 다르게 보이고 지각될 수 있음을 가리키는 말이다. 영어로는 '밤의 건축'(architecture of the night)이라고 한다.—옮긴이

철학의 진짜 정체는 세속화된 신학에 불과한 것으로서, 이는 [페테르존의] 판결을 피할 수 없다. 페테르존의 논증과 그의 판결 사이에 존재하는 불균형은 이제 명백해졌다. 페테르존이 오늘의 [정치적인] 문제를 도외시할 수 있었던 것은 에우세비우스라는 원형을 통해 역사적인 낯설게 하기 기법을 썼기 때문이다. 그러나 이 기술은 그의 단호하고 공허한 판결을 구제하지 못한다. 설사 페테르존이 [에우세비우스를] 성 아우구스티누스와의 대결시키려 했다는 사실을 고려하더라도, 이 결론이 바뀌지는 않는다.

6장 에우세비우스와 아우구스티누스의 대결

페테르존의 신학적 논변은 몇 가지 구원사적 명제들에 의지하고 있다. 구약성서의 예언(「미가」 4장 4절)과 관련하여 에우세비우스는 이렇게 말했다. "하지만 그 모든 예언은 로마인들이 [세계를] 통치하게 된 시기, 그러니까 우리 구세주가 오신 날부터 오늘에 이르는 시기가 되어서야 비로소 실현되었다"(p.77). 주석가 페테르존은 이 말에 격분했다. 그는 저 카이사레아의 주교가 "물색없이 열방의 평화에 대한 [이스라엘 선지자들의] 예언을 로마제국에 의해 실현된 것"으로 보았다고 비난하면서 다음과 같은 말로 그를 호되게 꾸짖는다. [에우세비우스는] "주석의 요령을 전혀 몰랐던 게 분명하다"(p.77). 이어서 페테르존은 뜬금없이 [그를] 성 아우구스티누스와 대비시킨다. "『신국론』 제3권 30절에서 아우구스티누스가 한 이야기는 그와는 전혀 달랐다."

[이처럼] 콘스탄티누스 대제의 세계에서 갑자기 반달족의 왕 알라

리크[1]의 세계, 즉 쇠락해가는 서로마제국의 시대로 비약하는 것은 아무나 할 수 있는 일이 아니다. 물론 [한가롭게] 역사를 관망하던 1935년의 구경꾼에게는 손쉬운 일이었겠지만 말이다. 정치적·역사적 차원 및 교리적·역사적 차원에서 볼 때, 니케아 공의회에 참석했던 그리스 신학자를 반달족이 통치하던 시대의 라틴 교부와 비교하는 것은 불가능하다. 대관절 무엇 때문에 『신국론』 제3권 30절을 참조하라는 것인가? 거기에 어떤 결정적인 신학적 논변이라도 들어 있다는 것인가? [물론] 성 아우구스티누스의 이 책은 대단한 책이며, 그중 몇몇 부분은 실로 말문이 막힐 정도로 강력한 현재성과 설득력을 지니고 있다. 일례로 나는 민족대이동에 의해 수많은 사람들이 죽임당한 역사에 대해 숭고한 박애 정신으로 탄식하고 있는 제1권 11장을 들겠다. 종교란 "무정한 세계의 심성"das Gemüt einer herzlosen Welt이라고 말했던 칼 마르크스는 이 장을 고전적인 사례로 인용할 수도 있었을 것이다. 아니면 제4권 15장을 들 수도 있을 텐데, 여기서 아우구스티누스는 제국의 권력자들이 "정당한 전쟁" 운운하는 것에 대해 조롱하고 있다.

[페테르존의] 지시에 따라 『신국론』 제3권 30장을 들여다본 독자는 적잖이 실망하게 된다. 제3권은 로마 내전을 묘사한 부분이다. 이 장은 끔찍한 사건들을 묘사하는 고전적인 수사학의 토포스를 따르고 있는데, 이는 페테르존 자신이 에우세비우스, 암브로시우스, 히에로니무스 등에게서 찾아낸 것과 다르지 않은 것이다(p.148, 각주 145). 아우

---

1 알라리크 1세(Alarich, 370~410). 역사적으로 알려진 제1대 서고트족 족장. 800년간 정복당한 적 없던 도시 로마를 점령하고 약탈하였다. —옮긴이

구스티누스가 이 토포스를 사용한 까닭은 이교도들에게 그들이 믿는 신들이 무기력하다는 것을 알려주기 위해서였다. 그 신들은 내전과 같은 끔찍한 일을 막지 못했다는 것이다. 방금 언급한 제3권에서 그는 술라, 카이사르, 옥타비아누스 등의 이름을 언급하는데, 옥타비아누스의 경우 그를 칭송했던 에우세비우스와 달리 아우구스티누스는 그가 위대한 카이사르에게 입양된 양자일 뿐이라며 깎아내린다. 이어서 아우구스티누스는 유별난 불행, 즉 로마 내전에 의해 희생된 키케로Cicero의 불행에 대해 탄식한다. [아우구스티누스가] 키케로를 안타까워한 것은 그의 어리석음 때문이다. 키케로는 안토니우스로부터 공화국의 자유를 지키기 위해 옥타비아누스와 손을 잡았지만, 옥타비아누스는 키케로를 죽이고 [공화국의] 자유를 말살하기 위해 안토니우스와 손을 잡았던 것이다. 아우구스티누스는 다음과 같이 말한다. 이교도 키케로는 이처럼 "한 치 앞도 분간하지 못한 아둔한"——usque adeo caecus atque improvidus futurorum——인간이었다. 4세기 서로마에서 키케로는 많은 인기를 누렸으며(아르놀트 에어하르트의 저서 제3권, p.39을 보라), 그래서 토포스로 이용하기에 안성맞춤이었다.

　한 치 앞도 분간하지 못한 아둔한. [아우구스티누스에 의지하여 간접적으로] 키케로의 운명을 가리킴으로써 페테르존은 아마도 1935년의 시대 상황을 은근슬쩍 암시했던 것 같다. 이는 당시에 횡행하던 정치적 검열 및 여론 조작을 감안할 때 표현의 자유를 위한 노력으로서는 얼마간 가치를 갖는다고 할 수 있다. [하지만] 그것은 에우세비우스와 아우구스티누스를 대결시키는 와중에 제시된 신학적 논변으로서는 아무런 의미도 갖지 못한다. 혹시 그것이 성 아우구스티누스의 신학적 우위를 공고히 하기 위한 것이었다면, 그것은 저 위대한 라틴 교부의 비길 데 없는 권위를 오용한 것에 지나지 않는다. 어느 누구도 감히 성 아우구스티누스의 신학적 우위를 의심하지 않는다. "한 치 앞도 분간하지 못한" 키케로에 대한 탄식을 담은 『신국론』 제3권이 증명하는 것은 기껏해야 과거 시대에 행동한 인간에 대해 [사후적으로] 논평할 수 있는 후대 인간이 갖는 우위일 뿐이다. 과거 시대의 인간에게는 가늠할 수 없는 어두운 미래였던 것이 후대에 태어난 인간에게는 더없이 투명한 역사적 발전 과정으로서 [간단히] 이야기할 수 있는 것이 되기 때문이다. 그렇기 때문에 그는 과거 시대의 인간들이 보인 "미래에 대한 몽매"Zukunftsblindheit를 기이하게 여길 수 있는 것이다. **줄리앙 프로인트**[2]가 올바르게 말했듯이, 어제의 미래란 모레의 과거일 뿐이다. 상상에 의한 회고적 투사는 신학적 논변을 위한 토대가 될 수 없다. 키케로에 대해 탄식한 아우구스티누스의 사례에서 [우리가] 알게 되는 것은 민족대이동 시기를 살았던 기독교 신학자가 옥타비아누스에 의해 발생한 로마 내전의 시기를 살았던 이교 철학자보다 우월하다는 사실이다. 반면 페테르존이 설정한 에우세비우스-아우구스티누스의 대결을 통해 전면에 드러나는 사실은 서로마제국의 몰락을 목도한 기독교 신학자가 그보다 100년 전의 시대, 즉 디오클레티아누스와 콘스탄티누스 대제 그리고 니케아 공의회 시대를 살았던 기독교 신학자보다 우월하다는 것이다. 하지만 이 우위는 아우구스티누스 자신이 에우세비우스를 상대로 주장한 것이 결코 아니라는 사실에 주의하자. [실상은]

---

2 줄리앙 프로인트(Julien Freund, 1921~1993). 프랑스의 정치학자, 사회학자. — 옮긴이

1935년의 기독교 신학자가 아우구스티누스의 권위에 기대어 기독교 교회사의 아버지에게 대든 것이다. 이는 에우세비우스를 정치신학의 원흉으로 만들기 위함이었다.

에우세비우스가 미화한 황제 아우구스투스의 세계 평화는 전쟁과 내전의 참화를 끝내지 못했다. 콘스탄티누스 대제의 세계 평화 역시 오래가지 못했다. 따라서 양자는 참된 평화라고 할 수 없다. 페테르존은 그러한 평화를 "미심쩍은" 것이라 부르면서 **아우구스투스**의 평화에 대해 진정한 기독교적 평화, 즉 **아우구스티누스**의 평화를 맞세운다. 이는 시간의 끝에 다시 오실 그리스도가 주실 평화이다. 카이사르도 아우구스투스도, 또한 콘스탄티누스 대제도 전쟁과 내전을 [완전히] 끝내지 못했다.

[그렇지만 과연] 『신국론』에 제시된 아우구스티누스의 평화는 그렇게 할 수 있었던가? 아우구스티누스적 평화-신학을 승인했던 기독교 교황과 황제가 [따로 또 같이] 다스리던 [중세] 1000년 역시 전쟁과 내전의 1000년이었다. [이때까지는 아직] 양검론——이 중 하나는 **정신적**[영적]인 검이다——이 수면 위로 떠오르지 않았다. 16, 17세기 기독교 종교개혁 시대에 발생한 종교 내전은 **교회 개혁권**jus reformandi을 두고 벌어진 싸움이었다. 이 싸움에서 관건은 신학의 핵심, 아니 기독학의 핵심이 무엇이냐 하는 것이었다. 토머스 홉스의 『리바이어던』은 이처럼 특수한 신학-정치적 시대가 낳은 산물이다.[3] 이 시대를 곧장 뒤

---

3 칼 슈미트, 「완성된 종교개혁: 『리바이어던』에 대한 새로운 해석을 위한 소견과 조언」, 『국가』("Die vollendete Rformation. Bemerkungen und Hinweise zu neuen Leviathan-Interpretationen", *Der Staat*, vol.4, 1965, pp.51~59).

이은 것은 **혁명권**jus revolutionis 및 총체적 세속화의 시대였다. [종교]개혁 없이 혁명을 이루어냈다는 것, 그리고 옛 종교 및 그것이 지켜온 성스러운 가치들을 그에 대항하여 세워진 국가 체제와 평화롭게 조화시킬 수 있다고 믿었다는 것, "이것은 근대인들의 어리석음으로 볼 수밖에 없다"(『엔치클로페디』Encyclopädie, §552). 헤겔의 이 문장은 하나의 정치-신학적 진술로 이해되어야 한다.[4] 그리고 피오레의 요아킴[5]의 역사신학은 삼위일체 교리에 대한 정치-신학적 해석이다.[6]

이 모든 것에서 페테르존은 새로운 문제를 발견하지 못했다. 그는 그저 1931년의 논문 「신성 군주제」에서 이미 제출했던 에우세비우스 비판을 반복할 따름이다. [1935년의 논문에서] 그는 동일한 시대, 그러니까 초대 기독교 시대에 대한 전문 학술적·문헌학적 자료들을 더 찾

---

4 (1968년 기념논문집 『에피로시스』에 실린) 논문 「혁명의 신학에 대한 논평」("Anmerkungen zu einer Theologie der Revolution", p.628)에서 귄터 로어모저(Günter Rohrmoser)는 헤겔의 이 문장을 언급하면서 다음과 같이 덧붙인다. "헤겔은 기독교[라는 사건], 즉 신이 역사 속에 [직접] 출현한 사건과 신앙을 가진 주관성을 통해 이 사건을 [가톨릭교회로부터] 빼앗는 데 성공한 종교개혁, 이 두 가지를 자유의 세계사에 있어서 가장 근본적이고 혁명적인 두 개의 사건으로 파악했다."
이와 관련하여 헤겔의 다음 문장을 참고할 수 있다. "복음서보다 더 혁명적인 말들을 찾을 수 있는 곳은 없다고 말할 수 있을 것이다." 페테르존은 독일 관념론 철학과 전통적인 프로테스탄트 신학 사이의 절충을 일절 거부했다. 그러한 "매개[중재]"의 시도를 하는 이가 [프리드리히] 슐라이어마허(Friedrich Schleiermacher)건 아니면 헤겔이건 마찬가지였다. 본서의 제2부 5장(115~116쪽)에서 정치신학의 원형으로서 에우세비우스를 다룬 결말 부분을 참조하라.

5 피오레의 요아킴(Joachim von Floris, 1130/1135~1202). 이탈리아 칼라브리아 지역의 수도원장. 아버지의 시대, 아들의 시대, 성령의 시대라는 구도하에 역사를 신학적으로 해석한 신비주의자. ─옮긴이

6 칼 슈미트, 「서론」, 『전 유럽적 견지에서 해석한 도노소 코르테스』("Einleitung", Donoso Cortés in gesamteuropäischer Interpretation, 1950, pp.10~11).

아내어 보충한다. 하지만 페테르존은 1931년과는 달리 적그리스도에 대한 종말론적 경고로 논문을 마무리하지 않고, 그의 [풍부한] 자료들에 더해 성 아우구스티누스를 향한 탄원을 덧붙인다. 그런 다음 최종 결론에 가서 그는 그리스 교부들의 기독교 삼위일체 이론과 성 아우구스티누스의 평화 신학을 통해 모든 정치신학은 영구히 처리되었음을 선포한다. 대관절 이 최종 결론은 무엇을 말하는 것인가?

3부

전설의 최종 결론

1장 최종 결론의 주장

논문의 결론 부분에서 페테르존은 기독교가 전도하는 삼위일체 하느님은 유대교와 이교의 피안에 존재한다는 주장을 반복한다. 그 이유는 삼위일체의 비밀은 오직 신성 자체 안에서만 완성될 수 있을 뿐, 피조물에게는 [결코] 드러나지 않기 때문이며, 또한 기독교인이 찾는 평화란 [이 세상의] 어떤 황제도 보장해줄 수 없고 다만 "모든 합리를 초월해 계시는" 분께서 주시는 선물이기 때문이다.

물론 이와 같은 고백이 학계의 전설이 될 리는 만무하다. 이 고백에 앞서 전설의 잠재력을 가진 결론이 먼저 제시되고, 뒤이어 그 결론에 상응하는 최종 각주가 나온다. 최종 결론은 다음 세 개의 명제로 구성되어 있다. 그대로 옮겨보자.

1. 신성 군주제 이론은 삼위일체 교리에 의해, 아우구스투스의 평화Pax Augusta에 관한 해석은 기독교 종말론에 의해 [각각] 좌초될 수밖에 없

었다.

2. 이 좌초와 더불어 비단 정치적 문제로서의 유일신교가 신학적으로 처리되고 기독교 신앙이 로마제국의 사슬로부터 해방되었을 뿐 아니라, 정치적 상황을 정당화하기 위해 기독교 복음을 오용하는 모든 "정치신학"과의 절연이 근본적으로 이루어졌다.

3. "정치신학" 따위는 오직 유대교 혹은 이교의 토대 위에서만 존재할 수 있을 뿐이다.

명제1은 그 자체로 투명한 진술이다. 이 명제는 논문의 앞부분에 제시된 역사적 자료들과 [그에 기반한] 논변에 [직접적으로] 연계되는 것으로서, 그 논변의 결론을 표명하고 있다. 이는 그 자체로 논의해 볼 만한 테제이다. **명제2**는 그 자체로 보면 불투명한 진술로서, 네 개의 상이한 주장들을 조합한 것이다. 첫 번째 주장은 명제1을 통해 "정치적 문제로서의 유일신교가 신학적으로 처리되었다"는 것이다. 이 진술이 타당하려면, 신학자들 스스로가 정말로 정치적인 문제들을 신학적으로 처리하기를 원하는지에 대해 먼저 합의를 보아야 할 것이다. 두 번째 주장은 기독교 신앙이 "로마제국의 사슬로부터 해방되었다"는 것인데, 이는 명제1에서 제시된 테제의 반복이다. 세 번째 주장은 기독교 복음을 오용하는 모든 정치신학——그러니까 여기에는 모든 비-일신교적 정치신학도 포함되는 것으로 보이는데——과의 절연이 근본적으로 이루어졌다는 것이다. 하지만 그것은 신학 측에서 [일방적으로] 주장하는 절연일 뿐이며, 이는 신학자들이 알아서 할 일이다. 네 번째 주장은 **오용**이라는 단어와 관련된 것인데, 이 단어로 인해 명제2에는 새로운 불투명성이 들어선다. 왜냐하면 [그로 인해] 불분명한 제한 조건이 도입된 셈이기 때문이다. 오용은 규정하기가 애매해서 [구체적인] 해석을 필요로 하는 개념이다. "근본적으로" 이루어진 절연은 구체적으로 발생하는 절연, 즉 **사실상의**ipso facto 완벽한 절연이 될 필요가 **없**다. [문제의] 내용 및 그 법적 상황을 이루는 전제조건을 확인하는 것으로 충분하기 때문이다. 그러니까 절연은 모든 정치신학에 예외 없이 적용되는 것이 **아니라** 오직 [기독교를] 오용하는 정치신학에만 해당되는 것이다. 더 나아가, 정치적 상황을 정당화하기 위해 기독교 복음을 **오용하지 않는** 순수 신학, 그 자체로 정당성(혹은 판결의 권력Verurteilung)을 지닌 순수 신학이 설령 아주 강력하고 직접적인 정치적 함의를 갖는다 해도, 그래도 아마 [페테르존은] 이 신학과 절연하지 않을 것이다. 어쨌든 명제2에 삽입된 이 네 번째 주장에 대해 논의할 수 있으려면, 구체적으로 무엇이 오용이며 무엇이 아닌지를 결정하는 것은 과연 누구인가 하는 점이 먼저 규명되어야 한다. [물론] 이 경우에 그 결정권자는 분명 신학자 자신일 것 같긴 하지만 말이다.

명제3은 "정치신학"이라는 용어를 인용부호에 넣어 사용하며, 이를 통해 [정치신학에 대한] 유보적인 입장을 암시한다. 이 점을 제쳐둔다면, 명제3은 자체 모순되는 진술이 아니며 따라서 테제로서 논의할 만하다.

2장 최종 결론의 신빙성

이 세 가지 명제는 무슨 언어로 말하고 있는가? 그것이 신학의 언어일 가능성은 거의 없어 보인다. 적어도 페테르존이 1925년의 저작 「신학이란 무엇인가?」에서 보여준 것과 같은 품격 있는 신학의 언어가 아닌 것은 확실하다. **처리**는 신학에서 쓸 만한 용어가 아니다. 만약 그가 이 말로써 파문 혹은 이단 선고를 의도한 것이라면, 그에 대한 학문적·논증적 설명 방식으로 인해 그 선고의 권위가 위태로워질 것이다. 저 세 가지 명제에 표현된 사유와 언어의 학문적 스타일이 그것들을 학문적 논쟁의 영역으로 전위시키기 때문이다. 다른 곳[1]에서 페테르존은 학문적 논쟁의 영역에서 제출되는 그릇된 견해들은 이단이 아니라고 분명히 말한 바 있다. ['처리'라는 말로 그가] **죄악 요인**ratione peccati에 대한 확증을 고려했을 가능성 역시 거의 없다.

---

1 에릭 페테르존, 『높은 땅』(*Hochland*, vol.33, Oct 1935, p.6).

강조점은 다음 표현에 들어 있다. **정치적 문제로서의 유일신교는 신학적으로** 처리되었다. 이 말은 다음과 같은 것을 뜻할 수 있다. 처리되었다, 왜냐하면 그것은 정치적인 문제일 뿐 신학적인 문제가 아니기 **때문이다.** 따라서 신학자들은 그 문제에 신경 쓸 필요가 없다. 혹은 이런 뜻일 수도 있다. 그것은 처리되었다, 정치적인 문제임에도 **불구하고.** (공통 사안rex mixtae으로서) 그것은 신학적인 판결에 구속되며, 따라서 정치적인 문제로서(도) 신학적인 관점에 의해 처리될 수 있다. 첫 번째의 뜻일 경우, 그것은 순수 신학자들의 신학, 즉 예술을 위한 예술 l'art pour l'art의 신학적 버전에 해당하며, 이는 비신학자들과의 대화를 평신도 신학, 이데올로기, 정치적 저널리즘, 수사학 혹은 프로파간다 등과 하등 다를 바 없는 의미에서 "정치신학"으로 보아 거부하는 태도이다. 두 번째의 뜻일 경우, 그것은 하나의 학문적 논증일 수 있으며, 양측——신학적 진영과 정치적 진영——모두로부터 가능한 학문적 논증으로서 마땅히 승인받아야 한다. 이는 다시——두 진영이 공히 받아들일 수 있는——[공통된] 학문 개념 및 [이 개념의] 구조에 정합적인 근본 개념들을 전제한다. [모종의] 공통 구조에 기초한 개념들을 전혀 공유하고 있지 않은 학문들 사이에 학문적 관할 구역을 나눈다는 것은 어불성설이다. 삼위일체에 관한 신학 이론이 수학의 수數 이론을 처리할 수 있다고 주장할 사람은 아무도 없다. 거꾸로 수학이 신학의 삼위일체 이론을 처리할 수 있다는 주장 역시 무의미하다. 만약 그 주장이 신학은 결코 학문이 아니라는 이야기를 하려는 게 아니라면 말이다. 학문 및 학문적 가치에 관하여 오늘날 통용되는 개념들을 두고 볼 때, 신학자들은 이미 많은 성취를 이룬 셈이다. 신학과 전혀 동떨어진 학문들과 뒤섞이는 일을 피한 것만 해도 이미 대단한 일이기 때문이다. 비록 그것이 방어의 차원에서 버텨내기 위해 [그들이 유일하게] 활용할 수 있는 전략이었다고 해도 말이다.

처리한다는 표현은 기본적으로 페테르존의 신학 언어에 어울리지 않는다. 물론 그가 논쟁적인 비난의 어조로 [무언가를] 부정하거나 가치-철학의 언어로 퇴보한 경우를 제외하면 그렇다는 이야기다. [페테르존의 판결에 의해] 처리되는 것은 비단 갖가지 이미지, 반영Spiegelung, 수직적 유비(아래에서 위로 올라간다는 전제하에서), 상징, 비유 등으로 이뤄진 [거대한] 세계와 광대한 문제 영역에 국한되지 않는다. [정치신학이라는] 용납할 수 없는 짓을 벌인 "전범적"인 인물, 즉 기독교 신학자, 주석가이며 역사가이자 또한 "정치적"인 인물인 카이사레아의 주교 에우세비우스 역시 처리되었다. 뿐만 아니라 1922년에 나온 나의 법학적·국가법학적 저서 『정치신학』은 최종 결론에서 **명시적으로 지목당하여**nominatim 처리되었다. 이 책의 부제가 "주권론에 관한 네 개의 장"이라는 사실은 전혀 언급되지 않으며, 1933년 11월에 이 책의 제2판(1934)을 위해 작성한 서문에서 [내가] "왕은 군림하되 통치하지 않는다"는 정식을 참조한 사실 역시 마찬가지다. 이 모든 것이 유감스러운 까닭은 한 가지 실질적인 이유 때문이다. 그것은 페테르존 자신이 1925년 논문 「신학이란 무엇인가?」에서 제기했던 중요한 문제가 왜곡되고 말았다는 사실이다. 그 문제란 구조적으로 호환 가능한 개념들을 폭넓게 공유하는 두 학문인 신학과 법학 사이의 관계에 대한 것이다.

다른 경우들에서 페테르존은 신학적 처리를 여타의 학문적 처리와 구별할 줄 알았다. 가령 그는 에드가 잘린[2]의 저서 『신국』*Civitas Dei*을 처리한 적이 있는데, 이 책에 대한 서평[3]에서 그는 다음과 같이 말한다. "이 책에서 신학자 혹은 '학자'의 반박을 받지 않을 수 있는 문장은 단 하나도 찾기가 어렵다." 또한 여기서 그는 비당파적 관심을 유지할 수 있는 학자와 달리 신학자는 결국 [신과 종교의] 옹호자일 수밖에 없다는 점을 강조한다. 여기서 우리의 관심사는 페테르존이 신학과 **정치**를 대립시킬 때 어떤 개념적 구조에 의지하고 있는가 하는 점이다. 신학은 종교나 신앙 혹은 거룩한 전율 따위와 동일한 것이 아니다. 신학은 하나의 학문이고자 하며, 또한 학문으로 남을 것이다. 완전히 다른 학문 개념이 등장해서 종교와 신학을 지하 세계로 추방하고 양자를 일종의 시대착오 및 신경증으로 간주하여 정신분석학적 방법으로 제거하지 않는다면 말이다. 학문으로서의 신학에 대항할 수 있는 적합한 개념은 한낱 보조 학문이나 방법론에 그치지 않는 하나의 또 다른 학문이어야 한다.

그것은 어떤 학문인가? 정치는 학문이 아니며, 사회학이나 정치학Politologie [역시] "엄밀한" 방법론으로서 신학과 양립할 수 있는 학문이 아니다. 신학과 형이상학의 관계 역시 불분명하다. 방금 언급한 **잘린**의 책에 대한 서평에서 [페테르존이] 한 것처럼 초대 기독교 시대에 관한 역사학을 [여기서] 다룰 수는 없다. 페테르존이 "모든 학문 가운데 가장 미심쩍은 학문, 즉 이른바 정신과학[인문학]"[4]이라고 부른

---

2 에드가 잘린(Edgar Salin, 1892~1974). 독일의 경제학자. ― 옮긴이
3 에릭 페테르존, 『슈몰러 연보』(*Schmollers Jahrbuch*, vol.50, 1926, p.175).
4 에릭 페테르존, 「신학이란 무엇인가?」, p.23.

것 역시 [우리가 찾는 대답이] 아니다. 그렇다면 남는 것은 오직 신학의 자매학문Schwesterwissenschaft, 즉——아직 역사 속으로 용해되지 않은——법학뿐이다. 법학은 기독교 중세 시대의 순전한 결의론Kasuistik에서 발전하여 하나의 체계적인 학문이 되었다. 프로테스탄트 교회법학자 **루돌프 좀**은 법학을 대표하는 최후의 위대한 학자들 가운데 한 명이다. 교회법학자, 교회학자이자 법제사가이며 헌법학자인 한스 바리온은 좀의 탄생 100주년을 기념하여 그에 대한 타당한 해석[5]을 내놓은 바 있는데, 우리가 보기에 그는 로마 가톨릭 진영에서 나온 좀의 정당한 후계자이다. 여기서 법제사적 맥락을 [세세하게] 설명할 필요는 없을 것이다. 바리온은 "법치교회Rechtskirche가 이상적인 방식으로 신성 교회법에 가깝게 만든 내적인 질서"를 『교회법전』Codex Iuris Canonici에서 발견한다.[6] 덧붙여서, 여기서는 **막스 베버**의 대표적인 견해 하나를 인용하는 것으로 만족하자. 이 견해는 내가 1923년 로마 가톨릭주의에 관한 시론에서 베버의 이름을 언급했을 때 염두에 두었던 것이기도 하다. 막스 베버는 "다른 어떤 종교법도 만들어내지 못한 **합리적인 법령**Satzung을 창조해낸 것은 다름 아닌 로마 교회의 법"이라는 사실을 상기시킨다. 심지어 로마법도 그러한 법령에 대해서는 알지 못했다는 것이다. 이어서 그는 다음과 같이 적고 있다.

반종교개혁 진영의 고해신부와 영혼의 지도자, 그리고 전통적인 프로

---

5 한스 바리온, 『독일 법학』(Deutsche Rechtswissenschaft, 1942, pp.47~51).
6 한스 바리온, 『세속화와 유토피아』, p.190.

테스탄트 교회의 경우 목사들을 무프티,[7] 랍비, 가온[8] 등과 비교해보면, 그들이 실천하는 사목적 결의론이, 적어도 가톨릭의 토대 위에서는, 탈무드에 의해 생성된 문화와 어떤 희미한 유사성을 가지고 있음이 확연히 드러난다. 하지만 가톨릭의 경우 모든 것이 로마 교황청 중앙 관청의 통제 아래 들어가며, 여기서 구속력 있는 윤리적·사회적 규범들이 개선될 수 있었던 것은 오직 그들의 명령 체계가 더할 나위 없이 탄력적이었기 때문이다. 이를 통해 종교법과 세속법 사이에 미증유의 관계가 생성되었다. 즉 교회법이 세속법을 합리성의 길로 이끄는 영도자가 된 것이다. 게다가 이는 가톨릭교회가 가진 합리적 "제도"로서의 성격 덕분이기도 했는데, 이 역시 다른 어느 곳에서도 볼 수 없는 것이었다. (『경제와 사회』, 제4판, pp.480~481)

　나로서는 여기서 다시금 찬가를 바치는 일이 없도록 주의해야 하겠다. 신학과 법학Jurisprudenz은 서로 빈번히 충돌하는 두 개의 학부로 나뉘어 제도화되었고, 교회법학자와 궁정 법학자Legist 간의 경쟁 구도 속에서 세속적인 중요성을 갖는 로마-교회법jus utrumque을 [함께] 만들어냈다. 이에 대한 나의 견해는 『정치신학』에 개진되어 있다.[9] 이 두

---

7 무프티(Mufti). 이슬람교의 법률 권위자. ― 옮긴이

8 가온(Gaon). 히브리어 단어로, 유대 공동체에서 탈무드 해석에 관한 권위를 가진 자들에게 주어진 영예로운 칭호이다. ― 옮긴이

9 "정치신학"이라는 주제에 관해 내가 했던 모든 말은 한 사람의 법학자로서 신학의 개념들과 법학의 개념들이 갖는 구조적 근친성에 대해 피력한 견해들이다. 이 근친성은 법의 이론적인 차원과 실제적인 차원 모두에서 꾸준히 이어져온 체계적인 근친성이다. 나의 견해는 법제사적 연구 및 사회학적 연구 영역에서 성립한 것이다. 오귀스트 콩트가 만약 나의 견해를 들었다면, 그는 그것이 마치 형이상학자가 신학자를 대체했다는 자신의 테제

학부는 [각자의] 학문적 개념을 형성하는 과정에서 공통된 체계를 가진 하나의 장을 창조하였는데, 여기서 만들어진 개념들은 상호 비교 및 전치轉置가 가능할 뿐 아니라, 다른 표현으로 되어 있지만 실상은 같은 사태를 가리키는 언어들이어서 서로 바꿔 쓰는 것이 용인되고 [심지어] 권장할 만하다. [그러니까] 이는 단지 [하나의 같은] 악기를 어떻게 조율해서 쓰는가 하는 문제인 셈이다. 정치 쪽에는 구체적인 질서에 속한 하나의 신분으로서 국가에 소속된 세속[궁정] 법학자들이 있었고, 신학 쪽에는 사제 계급으로서 교회라는 구체적인 질서에 속한 교회법학자들이 있었다. 하지만 페테르존이 정치신학의 원형으로 지목한 인물, 아리우스주의 [이단]이라는 혐의를 받은 카이사레아의 주교 에우세비우스는 교회-신학적 인물로서, 그가 처한 상황은 국가가 아니라 기독교회를 향해 노력하는 이교 제국과 교회가 대립하던 상황이었다.

아직 가톨릭으로 개종하기 전에 집필한 강연문 「신학이란 무엇인가?」(1925)에 들어 있는 비교적 긴 각주 한 곳에서 페테르존은 법적 juristisch 언어는 신학에 아주 특별한 중요성을 갖는다고 주장한 바 있

를 증명하는 자료인 양, 그러니까 세속 법학자가 교회법학자를 대체했다는 말인 양 생각했을 것이다. 하지만 콩트 이후로 우리는 많은 새로운 경험들을 했고, 이 경험들은 [우리에게] 무릇 인간이라면 누구든 결코 정당화의 욕구를 뿌리칠 수 없다는 사실을 가르쳐주었다. 나의 1922년 저작 『정치신학』은 "주권 개념에 관한 네 개의 장"이라는 부제를 달고 있다. 첫 세 개의 장은 1922년에 간행된 막스 베버 추도 논문집에 실린 것으로, 이 가운데 두 번째 장은 토머스 홉스의 사례를 통해 결단주의(Dezisionismus)의 발전을 다루고 있고, 세 번째 장은 「정치신학」이라는 제목을 달고 있다. 비-신학자로서 나는 삼위일체에 관한 신학적인 질문들을 두고 신학자들과 논쟁을 벌이려는 생각은 추호도 없다. 평신도 신학자가 감히 그런 일을 저질렀을 때 결과가 어떤 것인지는 도노소 코르테스의 비극적인 사례가 여실히 가르쳐준다.

다. 이를 위해 그는 신약성서의 언어를 법과 긴밀하게 결부시켰다. 페테르존은 교리와 성사가 법적 언어에 속하는 용어라고 말한다. 왜냐하면 그것들은 성육신하신 신의 말씀을 집행Vollzug하는 것이며, 따라서 예언과 주석 따위보다 훨씬 윗길이기 때문이다. 이는 "신약성서의 계시가 가진 본질적인 성격"으로 규정된다. 성육신이 구약성서의 종결인 것과는 달리, 교리와 신학은 단지 종결에 그치는 것이 아니라 "동시에 모든 예언의 말씀이 [미처] 행하지 못한 것, 즉 집행"하는 것이기도 하다. 교리의 "개념적 일의성"은 "로고스[말씀]에 의한 계시의 최종적인 성격을 명백히" 표현한다. 요컨대, 여기서 [페테르존은] 다음의 사실을 실로 놀라울 정도로 분명하게 통찰하고 표명한 것이다. 즉 결단주의와 정확주의Präzisionismus가 하느님의 말씀을 집행하는 사업에 복무하는 것이라는 사실, 그리고 만약 인간이 이 사업에 필요한 법제화 작업을 거부할 경우 카리스마의 직접성은 자기 파괴적 비합리성으로 변질되고 만다는 사실이 그것이다. 하르나크와의 서신 교환에 붙인 한 각주[10]에서 페테르존은 독일에서 발생한 교파 간 갈등——1932년의 일이다——이 "근본적으로 오직 정치신학의 영역에서만 어느 정도 현실적인 성격을 가질 수 있는 것"이라고 천명했다. "('거룩한'heilig 법에 대립하는) 특수하고 새로운 기독교의 법은 응당 교회법에서 발견되는 것이며, 거룩한 법에서는 발견되지 않는다"(1929년에 행한 교회에 관한 강연문의 각주 14번). [하느님의 말씀을] 집행하는 것이 [근본적으로] 법적인 성격의 일이라는 점을 통찰한 것, 그리고 [법이라는] 매체가 독자

---

10 에릭 페테르존, 『높은 땅』(*Hochland*, Nov 1932); 『신학논집』(*Traktate*, 1951, p.321).

성을 갖는다는 점을 터놓고 인정한 것은 실로 놀라운 일이다. 더욱 놀라운 것은 곧이어 나온 정치신학에 관한 논문에서 이 견해가 슬그머니 빠져버렸다는 사실이다. 1931년에 출간한 전문적인 학술 논문 「신성 군주제」(p.562)에는 테르툴리아누스에 대한 언급이 나온다. 그는——[신학과 교리를] 정치화politisieren한 에우세비우스와 달리——신성 군주제라는 사상을 법제화juridifizieren했다는 것이다. 아마도 이 진술에는 법적인 것에 대한 비판 의도가 어느 정도 실려 있는 듯하다. 하지만, 비록 [짧게] 지나가는 언급에서일망정, 페테르존은 [하느님의 말씀을] 집행하는 사명을 정확하게 수행할 수 있는 법이 신학의 학문성보다 우월하다는 점을 여전히 인정하고 있다.

법학에 고유한 사유 방식에서 신학의 가능성을 찾아낸 최초의 인물은 테르툴리아누스이다. 그의 이름은 페테르존의 1935년 논문에서도 여전히 호명되고 있지만, 여기서는 정치화하는 신학자 에우세비우스와 대비되는 의미에서 법제화하는 신학자로서 등장할 따름이며, 더욱이 삼위일체 이론에 대하여 신학적으로 그릇된 해석, 즉 "국가법학적" 해석을 행했다는 이유로 비판받고 있다. 그렇지만 신학과 법학의 관계를 큰 그림으로 그린다고 할 때, 법학자로서 테르툴리아누스는 [여타의] 모든 것을 압도할 만큼의 중요성을 갖는 시금석이라고 할 수 있다. 왜냐하면 그는 교회가 제도화되는 결정적인 순간에 순교자의 카리스마Charisma des Märtyrers[라는 이념]을 고수하였으며, 카리스마 일체를 직무-카리스마Amts-Charisma로 완전히 탈바꿈시키는 것에 반대했기 때문이다. 이때는 성 키프리아누스Cyprian가 "교회 바깥에 구원은 없다"extra ecclesiam nulla salus는 정식을 만들어낸 구원사적·세계사적 시기이기도 하다. 세 권으로 구성된 아르놀트 에어하르트 저서의 전체 제목은 『정치 형이상학: 솔론에서 아우구스티누스까지』인데, 이 가운데 "기독교 혁명"이란 제하의 제2권에서 그는 이 시기를 다루고 있다. 교회에 관한 법적 이론을 창안한 것은 테르툴리아누스지만, 법적 기관으로서 교회가 "법적 효력을 갖도록"perfekt 해준 것은 키프리아누스의 정식이었다(에어하르트, 제2권의 「아프리카 교회」, pp.134~181 참조). 하지만 정작 그 자신이 법학자였던 테르툴리아누스는 [교회 내에서] 직분이 없는 순교자의 카리스마를 고수함으로써 교회가 그러한 방식으로 법적인 효력을 갖추는 데 저항했다. 반면 키프리아누스는 사제들이 갖는 직무-카리스마를 옹호하면서 순교자의 카리스마를 부정했다. 에어하르트는 클레루스[사제]clerus라는 단어가 라오스laos, 즉 평신도와 구별되는, 서품 받은 성직자를 가리키는 "전문적인"technisch 의미를 갖게 된 것은 키프리아누스 이후부터였다고 말한다(제2권, p.165).

이와 같은 언어의 의미 변화는 「사도행전」 1장 17절에 사용된 단어의 용법에서 유래한 것으로서, 이는 사도직 승계에 관한 교리가 기독교 평신도들의 뇌리에 뚜렷하게 각인되는 계기로 작용했다. 또한 이를 통해 [로마]제국의 서쪽 지역에 속한 교회들은 법적 기관으로서 완전히 승인받게 되었다.

한 가지 주목할 만한 사실은 그 자신 애초에 법제사 연구를 통해 학계에 입문했음에도 불구하고 아르놀트 에어하르트가 여기서 "법적"juristisch이라는 단어 대신 "전문적"이라는 단어를 쓰고 있다는 점이다. 이는 아마도 [법학에 대한] 불신에서 비롯된 것일 텐데, 이 불신은 그가 법학에서 신학으로 넘어가면서 생긴 것일 수 있다.

법적인 것 대 신학적인 것이라는 대립 구도를 통해 볼 때에야 비로소 "정치적 유일신교는 신학적으로 처리되었다"는 명제는 학문적으로 엄밀한 의미를 갖게 된다. 정치와는 단호하게 거리를 두는 신학이 어떻게 정치적 권력 혹은 정치적 주장을 신학적으로 **처리**할 수 있다는 말인가? 만약 **정치적인 것**과 **신학적인 것**이 내용상 완전히 분리된— 하늘과 땅처럼toto caelo 전혀 다른——두 개의 영역이라면, **정치적인** 문제는 오직 **정치적으로만** 처리될 수 있을 것이다. 신학자가 정치적인 영역의 문제들을 처리했다고 자신 있게 말할 수 있는 방법은 오직 그 스스로가 정치적인 주장을 할 수 있는 정치권력이 되는 길밖에 없다. 만약 그가 정치적인 문제에 대해 신학적인 해답을 제시한다면, 그것은 간단히 이 세계와 정치적인 것의 영역을 포기한다는 뜻이거나 아니면 정치적인 것의 영역에 직·간접적인 영향력을 행사할 여지를 남겨두려는 의중인 것이다. 그러니까 [결국] 정치적 문제들에 관해 신학이 갖는 관할권을 깔끔하게 포기하거나——이 경우 신학자는 순수하게 자신의 본령에 머무르게 된다——아니면 권력 경쟁 구도, 즉 일종의 관할권 전쟁Litiskontestation에 돌입하거나 둘 중 하나이다. "정치적 유일신교는 신학적으로 처리되었다"는 명제는 신학자가 정치적인 영역에서도 결정권을 갖는다는 것, 즉 정치적 권력보다 우월한 권위를 주장한다는 것을 뜻한다. 이 주장은 신학의 권위 스스로가 정치적 권력보다 우월함을 더 강하게 내세울수록 더욱더 강렬한 정치적인 주장이 된다. 이처럼 권력 경쟁 구도에 들어서는 경우, 신학 진영은 정신과 물질, 영혼과 육체로 구성된 이중적 존재, 즉 두 가지 본성이 혼합된 존재라는 인간의 특성을 전적으로 인정할 수밖에 없다. 근본적으로 이것은 인간 존재에 관한 기독교 신학의 일반적인 표상을 전제하는 것이지만, [다른 한편으로는] 기독교 민족과 다른 형태의 정부를 가진 민족들 간에 상이한 형태의 소통이 가능하다는 점을 가리키는 것이기도 하다. [하지만] "협약"의 가능성은 언제나 [개별 경우마다] 특수한 문제로 남게 마련이다. 왜냐하면 모든 경쟁자는 [언제든] 상대방을 향해 신학과 정치 혹은 정치와 신학을 "더럽게" 뒤섞어 놓았다고 비난할 수 있기 때문이다. 이렇게 되면 충돌은 더 첨예해지고 더욱더 강렬하게 정치적인 성격을 띠게 될 수밖에 없다. 만약 신학자가 자신의 신학적 결단을 고수한다면, 이로써 그는 정치적인 문제에 대해 신학적으로 결단한 셈이며 스스로 정치적 권력을 취한 것이다.

[페테르존의] 판결은 겉보기에 품위 있고 날카로우며 침착해 보이지만, [실상] 그것은 [정치와 신학의] 관할권 문제에 관한 추상적·독단적 선언 이상의 것이 아니다. 나머지는 전부 얼버무리는 말들이다. 충돌이란 언제나 구체적인 질서를 뜻하는 기관과 제도들 간의 싸움, **심급**Instanz들 간의 싸움이지, **실체**Substanz들 간의 싸움이 아니다. 싸울 능력을 가진 주체, 즉 **교전** 상대가 되어 서로 맞설 수 있기 위해서 실체들은 우선 **형식**Form을 찾아야 한다. 즉 어떻게든 **형식을 갖추어야**formiert 하는 것이다. 실체와 심급의 구별에서 혹자는 아리스토텔레스의 질료형상론을 떠올릴지도 모르겠다. 그야 어쨌든 이 구별은 실제적인 가치와 이론적인 정당성을 모두 갖는다. [정치와 신학의] 권력 다툼에서 두 진영이 상호 공속성gegenseitige Mit-Bestimmung을 인정하여 "협약을 맺

지" 못하는 경우, 그 싸움은 16세기와 17세기 [유럽의] 종교 내전이 보여준 것과 같은 결말에 이르게 될 것이다. 즉 저 위대한 질문, 누가 결정하는가?Quis judicabit?라는 질문에 대해 명확한 대답을 내놓든가 아니면 깔끔하게 각자의 구역으로 돌아가든가Itio in Partes 둘 중 하나인 것이다. 후자는 '땅을 다스리는 자가 그 땅의 종교를 결정한다'Cuius regio eius religio는 원칙, 즉 공간상으로 명확하게 구획된 영토 혹은 지역에 따라 [종교를] 분리하는 것을 뜻한다. "더럽게 뒤섞인" 어중간한 시기, 어중간한 상태 속에서 대치 중인 [정치와 신학] 두 진영은 끊임없이 상대방의 권한의 한계를 지적하며 이렇게 외친다. 너희 일이나 잘해라!Silete in munere alieno! 바로 이 외침과 더불어 새로운 국제법학의 시대, 즉 유럽 공법Jus publicum Europaeum에 의해 국가 간에 합리적이고 인도적인 전쟁이 성립한 시대가 시작된 것이다.

　서로 다른 두 개의 왕국을 설정한 아우구스티누스의 이론은 종말이 도래할 때까지 항시 다음 두 개의 열린 질문 앞에 거듭 소환될 것이다. 누가 결정하는가? 누가 해석하는가?Quis judicabit? Quis interpretabitur? 독립적인 피조물로서 행동하는 인간들을 위해 무엇이 정신적[영적]인 것이고 무엇이 세속적인 것인가, 라는 질문을 구체적으로in concreto 결정해줄 수 있는 자는 누구인가? 정신적[영적]인 동시에 세속적이고 또한 종교적인 동시에 현세적인 이중적 존재, 즉 인간은 구세주 첫 번째 임재와 재림 사이의 중간기인 이 지상에서 살아간다. 이 삶을 온통 뒤덮고 있는 저 공통 사안rex mixtae을 과연 어떻게 다뤄야 하는가? 이것은 위대한 토머스 홉스의 질문으로서, 나의 1922년 저작 『정치신학』은 이미 이 문제에 초점을 맞추고 있었다. 그리고 거기서부터 이 질문은 결단주의 및 [법에 의한] 집행의 독자성에 관한 이론으로 나를 이끌어주었다. 알다시피 이것은 종교개혁과 혁명을 어떻게 정당화할 것인가의 문제이다. 이것은 우선 **개혁법**jus reformandi에 관한 물음이며, 그 다음 단계로 갈 경우 구조적으로 다른 물음, 즉 **혁명법**jus revolutionis에 관한 물음이 된다. 한스 바리온은 토머스 홉스의 국가주의적 주권론은 솔즈베리의 요한[11]이 주창한 교권주의적 이론과 정확한 대칭을 이루는 것이라는 사실을 지적했다.[12] 나는 홉스를 다룬 논문 「완성된 종교개혁」[13]에서 바리온의 저 언급과 더불어 홉스 해석을 위한 새로운 역사적 지평이 열렸다는 사실에 대해 주의를 환기시킨 바 있다.

---

11 솔즈베리의 요한(John of Salisbury, 1110년대 후반~1180). 영국의 작가, 철학자, 외교관.—옮긴이

12 한스 바리온, 『자비니 잡지』, 교회법 부문(*Savigny-Zeitschrift*, Kan. Abt., vol.46, 1960, p.500).

13 칼 슈미트, 「완성된 종교개혁: 『리바이어던』에 대한 새로운 해석을 위한 소견과 조언」, 『국가』, p.63.

후기 이 문제가 오늘날 처한 상황에 대하여
─근대의 정당성

이제는 전설이 된 페테르존의 테제, 즉 모든 정치신학을 처리했다는 테제는 절대성을 주장하는 삼위일체적 유일신 종교의 신학적 입장에서 [정치신학을] **신학적으로** 부정한 것이다. 정치적 유일신교를 다룬 1935년 논문에 대한 우리의 분석은 그 논문의 객관적 논변과 결론 사이의 관계를 다루는 데에 국한되었다. 페테르존의 지평은 오직 헬레니즘 철학의 정치적 유일신교, 그러니까 [기껏해야] 형이상학 혹은 종교철학을 포함하고 있을 뿐이다. 학문적 전설에 대한 우리의 개별적 탐구에서 저 거대하고 시사적인 주제 자체, 즉 정치신학과 정치 형이상학에 대한 연구는 이뤄지지 못했다. 『에피로시스』(1968)에 게재한 논문에서 한스 바리온이 필수적인 작업이라고 단언했던 페테르존과의 [본격적인] 대결은 다음을 기약하기로 한다. [대신] 우리는 이 특수한 연구를 마무리하는 차원에서 [정치신학이라는] 문제의 지평을 오늘날의 상황에 비추어 가늠하게 해줄 수 있는 몇 가지 노선들을 그려보기로 하자.

이 작업을 위해서는 한스 블루멘베르크[1]의 저서『근대의 정당성』[2]을 검토하는 것이 가장 좋을 것이다. 이 책은 비-절대성을 절대적인 것으로 설정하면서 모든 정치신학을 **학문적으로** 부정하는 작업을 감행한다. [여기서] 학문적이라는 말은 [블루멘베르크의] 학문 개념이 절대성을 주장하는 종교의 구원론Heilslehre으로부터 나오는 계속적인 영향력 혹은 [그 이론의] 재전유를 일체 거부하는 것임을 뜻한다. 블루멘베르크에게 그와 같은 재전유는 과거 시대가 남긴 비극적인 부담Hypothek에 지나지 않는다. 이 부담을 남김없이 제거하는 것은 탈신학화된 새-시대[근대]Neu-Zeit를 사는 이들이 일상적으로 [해야] 하는 일에 속한다. 그리고 그들에게 이 일은 "언제까지고 계속해서 감당해야 할 주요 업무"Officium로 남을 것이다(p.61).

이런 경고를 그냥 듣고 지나칠 수는 없는 노릇이다. 이 비범한 책의 선명한 테제들과 [거기에 제시된] 압도적인 양의 자료들은 우리로 하여금 법학의 측면에서 이 문제의 현재적인 상황에 대한 견해를 개진하지 않을 수 없게 만든다. 블루멘베르크가 나의 테제들을 온갖 혼란스러운 종교적, 종말론적, 정치적 표상들과 마구잡이로 뒤섞어놓는 바람에(p.18을 보라) [커다란] 오해의 여지가 생기고 말았다. [그는] 다음

---

1 한스 블루멘베르크(Hans Blumenberg, 1920~1996). 독일의 철학자. 연구 집단 〈시학과 해석학〉(Poetik und Hermeutik)의 창립 멤버 중 한 명이었다.—옮긴이

2 한스 블루멘베르크, 『근대의 정당성』(*Die Legitimität der Neuzeit*, Frankfurt am Main: Suhrkamp-Verlag, 1966).

의 사실에 주의를 기울였어야 했다. 즉 정치신학을 향한 나의 노력은 어떤 무질서한 형이상학[의 자장] 안에서 이뤄진 것이 아니라, 모종의 특수한 개념들의 도움을 빌어 수행한 재전유의 고전적인 사례에 해당한다는 사실이 그것이다. 나의 정치신학은 체계적인 사유[의 한계] 안에서 역사상 가장 발전한, 그리고 최고도의 형식에 도달한 "서구 합리주의"의 두 가지 결절점Stellengefüge에 대한 설명이다. 즉, 그것은 온전한 법적 합리성을 갖춘 가톨릭"교회"와 유럽 공법에 의해 탄생한 "국가" ——이것은 홉스의 [사유] 체계 안에서는 아직 기독교적인 것으로 전제되고 있다——라는 두 개의 결절점 사이에서 움직인다. 바로 이 국가에 의해 인류는 전쟁에 관한 국제법상의 이론에서 오늘날까지 가장 위대한 합리적 "진보"를 이룩했다. 다시 말해, 적과 범죄자를 구분하고 이를 통해 다른 국가들 간에 벌어진 전쟁에 대해서는 중립을 지킨다는 이론을 위한 유일하게 가능한 토대를 만든 것이다. 이 사실은 나에게, 그리고 나의 정치신학에게도, 근대로의 시대 전환에 속하는 사건이다. [바로] 이 전환의 "시대 문턱"Epochenschwelle 위에서 놀라Nola의 조르다노 브루노[3]와 동시대인이자——그보다 약간 더 운이 좋긴 했지만 ——운명 공동체였던 알베리쿠스 겐틸리스[4]의 외침이 울려 퍼졌던 것

---

3 조르다노 브루노(Giordano Bruno, 1548~1600). 이탈리아의 철학자, 수학자, 신비주의 주술가. 로마 가톨릭 교리를 부인했다는 죄목으로 1600년 로마에서 화형당했다. 대표 저서로 『무한자와 우주의 세계 외』(강영계 옮김, 한길사, 2000) 등이 있다. —옮긴이

4 알베리쿠스 겐틸리스(Albericus Gentilis, 1552~1608). 이탈리아의 법학자. 프란시스코 데 비토리아(Francisco de Vitoria), 휴고 그로티우스(Hugo Grotius) 등과 함께 국제법 연구의 창시자로 알려져 있으며, 영국 옥스퍼드 대학에서 21년간 민법 담당 흠정교수(Regius Professor)로 재임했다. —옮긴이

이다. "신학자여 침묵하라!"Silete Theologi!

블루멘베르크에게 "세속화란 역사적 불법의 범주"이다. 그는 이러한 세속화의 정체를 폭로하려고 하며, 세속화를 번역하거나 재전유하려는 [모든] 시도를 근대의 정당성[이라는 테제로] 극복하려 한다. 자신의 책에 "근대의 정당성"이라는 제목을 붙임으로써 그는 하나의 법학적인 깃발을 게양한 셈이다. 그의 도전이 더욱 대단해 보이는 까닭은 그가 사용한 "정당성"이라는 단어가 [사실은] 수백 년이 넘도록 왕위 세습을 정당화하기 위해 군주들이 독점했던 것이기 때문이다. 즉 그것은 세월, 시대, 내력, 그리고 전통에 의한 정당화, 그러니까 과거에 기댄 "역사적" 정당화를 뜻하는 것이었다. [그것은 또한] 역사법학파 학자들이 사용하던 용어로서, 이들은 진보적이고 혁명적인 적들을 향해 '당신들은 어제의 불법으로 오늘의 불법을 정당화한다'고 비난했다. [그런데] 이제 사태는 완전히 거꾸로 뒤집힌 것처럼 보인다. 즉 새로운 것에 의한 정당화[의 시도]가 등장한 것이다. 성마른 논평가들이라면 블루멘베르크의 이 비범한 성취를 [이를테면] 우리가 앞에서 언급했던(본서의 48쪽) 다비드 프리드리히 슈트라우스의 평범한 업적과 비슷한 것으로 깎아내릴지도 모른다.

따라서 합리성 우위의 "적법한"(p.313) 인식을 통해 [근대를] 정당화하려는 시도는 정당성이 아니라 합법성Legalität이라 불러야 한다는 사실이 금방 드러난다. 다시 말해 [블루멘베르크의 테제는] 예외나 위반을 허락하지 않는 엄격한 "법"Gesetz의 불가침성에 기초한 것이다. 하지만 유감스럽게도 바로 이 법의 개념에는 태곳적에 신학과 형이상학의 저항에 의해 생겨난 후로 꾸준히 이어져 내려온 아주 특이한 비극적인 부담Hypothek이 지워져 있다. 이 부담은 근대-과학에 의해 생겨난 "자연-법[칙]"Natur-Gesetz의 결과로 더욱더 해소할 수 없게 되어버린 듯하다. 왜냐하면 자유를 뜻하는 법Recht은 강제 수단을 뜻하는 법[률]Gesetz에 대립하는 것이기 때문이다. 나는 여기서 구약성서와 신약성서 간의 신학적 대립, 즉 [율]법Gesetz과 **복음**Evangelium 간의 대립을 상기시키고 싶다. [또한] 구약성서 안에서 보자면 바빌론 유수 이전과 이후의 법 개념이 보여주는 상이함을 생각할 수도 있을 것이다. [마지막으로] 사람들이 **노모스**Nomos라는 그리스 단어를 독일어의 **게제츠**Gesetz로 옮기는 데 익숙해짐에 따라 생긴 혼란에 대해서도 지적해두고 싶다.[5]

오늘날의 언어 용법을 따를 경우, 정당성은 **합법적인**rechtmäßig을 의미하고, 합법성은 **적법한**gesetzmäßig을 뜻한다. 합법성은 국가 관료제 혹은 계산 가능한 방식으로 작동하는 [여타의 모든] 관료제의 기능 양태이다. 절차를 적법하게 진행시키는 기능[의 측면]에서 보자면, 오직 합법성만이 근대에 적합한 정당화 방식으로 고려될 수 있을 것이다. [이에 반해] 정당성은 반입이 금지된 수많은 옛 개념들을 소지하며 [이것들을 부당하게] 재전유하는 작업으로 간주되기 쉽다. 정당성은 전통, 유산, 가부장권, 그리고 낡아서 이미 오래전에 폐기된 것들을 새삼스럽게 다시 불러오려는 주술 따위와 동의어처럼 보일 수 있다. 말할

---

5 노모스라는 단어(첫 번째 모음에 강세가 있다)가 호메로스[의 작품]에 등장하지 않는다는 필론의 주장은 장 보댕(Jean Bodin)과 블레즈 파스칼(Blaise Pascal)에 의해 되풀이된다. 이에 관해서는 에리히 프뤼바라(Erich Przywara S. J.)를 위한 기념논문집 『계속되는 출발』에 칼 슈미트가 기고한 논문 「노모스-취득-이름」("Nomos-Nahme-Name", *Der beständige Aufbruch*, Siegfried Behn ed., Nürnberg: Glock und Lutz, 1957, pp.92~105)을 참고하라.

것도 없이, 이런 식의 구분은 결국 막스 베버의 사회학으로 거슬러 올라간다. [비록] 블루멘베르크의 책에 그의 이름은 등장하지 않지만 말이다.

그렇지만 베버는 가히 절대적인 영향력을 자랑하는 세속화 테제의 으뜸가는 대변자로서 여일하다. 이는 비단 그가 합법성에 대립하는 것으로서 비합리적인 카리스마에 의한 정당성을 모든 혁명적 정당화 작업에 고유한 원천으로 제시한 유명한 이론을 만들었기 때문만은 아니다. 1789년의 혁명에서는 **합법성**이 더 높고 더 타당한 합리적 정당성, **새로운 종류의 정당성**이었다. 그것은 이성의 여신이 보낸 메시지였고, 낡은 것을 이긴 새로운 것이었다. 그 사이의 정치적인 경험과 대중 교육에 의한 계몽, [특히] 베르톨트 브레히트에 의해 선도된 계몽 덕분에 합법성이라는 단어는 이제 무뢰배의 구호에 지나지 않는 것으로 여겨지게 되었다. 오늘날에는 누구든 자신이 [정당한] 권리Recht를 갖고 있으며 그의 견해가 정당한 것이라고 주장하려 할 경우 대개 **정당한**legitim이라는 단어를 쓰지, **합법적인**legal이라는 말은 쓰지 않는다. 이는 심지어 그 자신이 직접 법령을 포고함으로써 자신의 법적 토대를 확보하고, [더 나아가] 법을 만들어낼 수 있는 모든 조건——합의, 여론, 입법 과정에 작용할 수 있는 모든 요소들에 대한 통제력——들을 모조리 장악한 사람이라 해도 마찬가지다. 그래야만 그의 권력 점유Ermächtigung는 학문적으로도 진정한 의미에서의 자가 권력 점유 Selbst-Ermächtigung라 불릴 수 있을 것이기 때문이다.[6]

6 이 문제에 대한 상세한 설명은 다음의 책을 참조하라. 칼 슈미트, 『합법성과 정당성』, 김도

만약 모든 것이 엄격하고 적법하게 진행된다면, [즉] 예외가 [법적으로] 기피되고, 변화는 미심쩍은 것으로 여겨지며, 기적이 곧바로 태업 행위와 동일시된다면, 다음과 같은 질문을 던지지 않을 수 없다. 그와 같은 적법성[의 세계]에서 끊임없이 새로운 것이 대관절 어떻게 생겨날 수 있다는 말인가? 하지만 이런 질문으로는 기적과 예외, 주의주의와 결단주의를 거부하는 [진짜] 이유를 알아낼 수 없을 것이다. 블루멘베르크에게 근본적으로 중요한 것은 인간의 자가 권력 점유Selbstermächtigung와 인간의 지식욕이다. 후자에 대해 그는 명시적으로 "기본적으로 정당화를 필요로 하지 않는 것"이라고 말한다(p.393). "인식은 정당화를 필요로 하지 않는다. 그것은 스스로를 정당화한다. 인식은 신에게서 유래하는 것이 아니다. 그것은 더 이상 [신적인] 깨달음이나 은총의 개입에 구애받지 않는다. 인식은 그 자신의 고유한 명증성 안에 거하는 것으로서, 신과 인간 [모두] 이 명증성을 회피할 수 없다"(p.395). 이것이 전부다. 이 논변 안에는 자폐증이 도사리고 있다. 신학적 초월에 대한 적의를 드러내는 이 논변이 이야기하는 내재란 [인간의] 자가 권력 점유에 지나지 않는 것이다. 블루멘베르크 역시 가치철학의 언어를 사용하고 있는데, 이는 자연스럽다. 가치철학의 논리는 비단 가치를 전복시키는 일Umwertung만 하는 것이 아니다. 그것은 가치를 박탈하고, [더 나아가] 무가치한 것은 무엇이며 심지어 가치에 반하는 것은 무엇인지 등을 [규정하고] 선포하는 일까지 떠맡는다. 따라서 가치철학의 논리는 가장 날선 공격의 도구가 될 수 있다. 이렇

균 옮김, 길, 2015. ─ 옮긴이

게 해서 정당성 혹은 합법성에 대한 물음은 가치의 보편적인 전환 가능성으로 인해 침몰한다. 문제의 이 측면, 즉 "가치의 폭정" 및 이 폭정에 의한 비-가치Unwert의 말살과 그 정당화 [기제]에 대해서 여기서는 다만 참고 문헌 하나를 제시하는 것으로 만족하자.[7] 스스로의 힘으로 권력을 점유한 새로움의 입장에서 보자면, 정당화의 필요성을 일체 거부하는 것은 지극히 일관성 있는 태도이다. 참으로 새로운 것이라면, 제 앞길에 걸림돌처럼 놓여 있는 낡은 것을 상대로 자신을 정당화할 필요가 어디 있겠는가? 하지만 계획과 새로움 사이에서 생기는 해결 불가능한 내적 모순은 [실로] 거대하며, [이 때문에] 고삐 풀린 새로움에 내재한 공격성은 갈수록 더 커지고 첨예해질 수밖에 없다. 문제 상황이 이럴진대, [인간의] 지식욕을 가리키는 말로 라틴어 **쿠리오시타스** curiositas를 쓰는 것은 너무나 안이한 처사이다. 아마도 그리스어 **톨마** tolma(『근대의 정당성』, p.269을 보라)가 더 적당할 것이다. 왜냐하면 이 단어는 위험에 처해서도 기뻐할 수 있는 대담함을 표현하는 말로서 정당화의 불필요성을 함축하기 때문이다. 이에 반해 오래된 단어인 **히브리스**Hybris는 근대가 사용하기에는 더 이상 적절치 않아 보인다. 그것은 신학의 흔적을 담고 있는 무기력한 탄식에 지나지 않는 말이다.

지금까지 이야기한 것들로 인해 내가 이 책과의 [본격적인] 대결에 돌입하려 한다는 인상을 갖지는 말았으면 한다. 이 책에 제시된 신

---

7 『세속화와 유토피아』, pp.37~63; 이 논문집 119~121쪽에는 또한 한스-요아힘 아른트(Hans-Joachim Arndt)의 논문 「보존의 유토피아로서의 청사진 계획」("Die Figur des Plans als Utopie des Bewahrens")이 실려 있는데, 이 글은 계획과 진보 간의 이율배반을 잘 밝혀주는 중요한 논문이다.

학적, 인간학적, 우주론적 지식은 경탄을 자아낼 정도로 놀랍고 새로운 지평들을 열어젖히고 있으며, 이를 통해 나는 [참으로] 많은 가르침을 얻었다. 여기서 그런 대결을 펼친다는 것은 감히 엄두도 내지 못할 일이다. 이 글은 에우세비우스와 아우구스티누스를 대결시킴으로써 정치신학의 문제를 마무리 짓고 이로써 커다란 성공을 거둔 한 편의 신학 논문에 대한 개별적인 분석에 덧붙이는 한갓 후기에 불과하다. 심지어 나는 이 책에서 내게 가장 중요해 보이는 부분들, 가령 테르툴리아누스(『근대의 정당성』, pp.282~283)와 그의 특수한 신학적 결단주의(나의 강연문 『법학적 사유의 세 가지 양식』*Über die drei Arten des rechtswissenschaftlichen Denkens*, pp.25~26을 참조하라)를 다루는 부분에 대한 단평조차 감히 내놓지 못할 것 같다. 또한 여기서 나는 우리의 맥락에서 중심적인 문제인 동시에 블루멘베르크의 비판에서도 특별히 중요한 위상을 갖는 문제, 즉 성 아우구스티누스와 영지주의의 관계라는 문제에 대해서도 본격적으로 달려들 수 없을 것 같다. [어쩌면 이 글에서] 내가 해야 할 일은 『신국론』 제21권 1~8장의 해석에 대해 상론하고, 더불어 제12권 21장에 등장하는, 그 어려운 **탄타-노비타스**[대단히 새로운 일]tanta novitas 구절에 대한 올바른 해석을 시도하는 것일지도 모른다. [그러려면] 이 구절이 개별 인간의 영원회귀 및 영원한 지복에 대하여, 원죄 이후의 예정설에 대하여, 그리고 신의 전능함에 대하여 갖는 모든 함의를 놓치지 말아야 할 것이다.[8] [하지만] 이 모든 것을

---

8 이 부분에서는 **리베라티오 노바**(liberatio nova)[새로운 구원], 즉 영원한 지복에 관한 언급이 나온다. 이것은 신이 구원을 예정한 사람들에게 주어지는 것이며, 이들은 두 번 다시 영원회귀의 쳇바퀴로 돌아갈 필요가 없다. 만약 그렇지 않다면, 그것은 참된 지복, **새로운**

[이 짧은] 후기에서 다 다룬다는 것은 생각만으로도 이미 허무맹랑한 짓이다.

하지만 정치신학과 정치적인 것의 기준, 즉 적과 동지의 구분에 대해서는 한마디 해둘 필요가 있다. 기독교 삼위일체 교리와 관련하여 페테르존에게 결정적인 참조점이 되어준 것은 나지안주스의 그레고리우스(『신학 담화』*Oratio theol*, 제3권, p.2)의 저술로서, 그 핵심에 해당하는 정식은 다음과 같다.

일자Das Eine ——**토 헨**to Hen ——는 항상 자기 자신에 반대하여 ——**프로스 헤아우톤**pros heauton ——모반을 일으킨다 ——스타시아트손 stasiatson.

[삼위일체라는] 어려운 교리를 그 어떤 이론의 여지도 있을 수 없도록 표현한 이 정식의 한복판에서 우리는 **모반**Aufruhr을 뜻하는 단어 **스타시스**stasis와 조우하게 된다. 이 지점에서 **스타시스**의 어원과 이 개

구원(liberatio)이 아닐 테니 말이다. "불사불멸하는 자연본성에는 결코 반복된 적이 없는, 그리고 어떠한 순환에 의해서도 반복되지 않을 새로운 일, 그처럼 대단히 새로운 일이 일어난다면, 어째서 사멸할 사물들에게는 그런 일이 일어날 수 없다고 억지를 쓰는가?"(Si autem in natura immortalis fit tanta novitas nullo repetita, nulla repetenda circuitu: cur in rebus mortalibus fieri non posse contenditur?) [아우구스티누스, 『신국론』, 성염 옮김, 분도출판사, 2004, 1315쪽 — 옮긴이] 이 문장을 모토로 사용하면서 발터 벤야민이 생각한 것은 [루이 오귀스트] 블랑키(Louis Auguste Blanqui)였다. 이에 관해서는 롤프 티데만, 『발터 벤야민의 철학에 대한 연구』(Rolf Tiedemann, *Studien zur Philosophie Walter Benjamins*, Frankfurter Beiträge zur Soziologie, vol.16, Frankfurt am Main, 1965, pp.103~104, p.151)를 참조하라. 여기서 티데만은 [벤야민의 인용] 출처를 『신국론』 제12권 20장(21장이 아니라)으로 잘못 표기했다.

념의 역사에 대해 언급할 가치가 있어 보인다. 그 역사는 플라톤(『소피스테스』, 249~254행과 『국가』, 제5권, 16장 470행)[9]에서 유래하여 신플라톤주의, 특히 플로티노스를 거쳐 그리스 교부와 교회 박사들에까지 이른다. 이 역사 속에서는 변증법적 긴장감을 지닌 모종의 모순이 펼쳐진다. 첫째, 스타시스는 정적, 정지상태, 입지, 지위 등을 뜻한다. 그 반대 개념은 키네시스kinesis, 즉 운동이다. 하지만 스타시스의 두 번째 뜻은 (정치적) 소요, 운동, 반란, 그리고 내전이다. 대부분의 그리스어 사전은 이 두 가지 의미를 별다른 설명 없이 그저 병치시키고 있을 따름인데, 그러한 설명을 사전에게 기대하는 것은 [사실] 무리이긴 하다.[10]

9 한국어판: 플라톤, 『소피스테스』, 김태경 옮김, 한길사, 2000, 174~191쪽, 『국가·정체』, 박종현 옮김, 서광사, 2005, 358~359쪽. ─ 옮긴이

10 주목할 만한 예외가 하나 있는데, 그것은 『테사우루스 링구아이 그라이카이』(*Thesaurus Linguae Graecae*, vol.7, 1848~1854)이다. 이 사전은 656~665쪽에서 정지에서 운동으로 넘어가는 기이한 변화에 대해 다음과 같이 설명하고 있다. 그것은 [특정한] 입지 혹은 입장에 의해 파벌 혹은 파당이 생기고 커진 것이다. [하지만] 정지에서 운동으로 넘어가게 만드는 복잡한 변증법적 진화 과정에 대한 설명은 나오지 않는다. [대신] 이 사전은 겸손하게 다음과 같이 덧붙이고 있다. "하지만 이 말의 의미에 대한 더 적절한 설명을 찾아내는 것은 독자의 몫이다"(Viderit tamen lector an aptiorem aliquam hujus signif. rationem excogitare possit). 또한 이 사전은 단장을 중심에 두고 움직이며 무대로 등장하는 합창단의 사례도 제시한다. 바로 이 사례를 플로티노스가 변증법적으로 사용했었다(모리스 드 강디약, 「하나 안의 둘」, 『플로티노스의 지혜』[Maurice de Gandillac, "Deux en Un", *La sagesse de Plotin*, 1952], p.185 참조). 신약성서에서 스타시스는 반란 혹은 폭동을 의미한다(한 가지 예외는 「히브리서」 9장 8절인데, 여기서 스타시스는 첫 번째 장막이란 의미로 쓰였다). 예수의 수난사─「마가복음」 15장 7절, 「누가복음」 23장 19~25절─에 등장하는 스타시스에 대해 기독교 신학자들은 그에 앞서 서술된 예수의 예루살렘 입성이 아니라, 이 맥락에서가 아니면 좀체 알려질 수 없었을 유대인들끼리의 논쟁, 즉 로마에 대해 적대적인 논쟁과 관련하여 해석해왔다. 프로테스탄트 신학자 위르겐 몰트만은 「정치신학」이라는 강연(1969년 5월 15일 레겐스부르크에서 열린 의사들을 위한 연수회)에서 로마인들이 예수를 십자가에 못 박은 사건을 정치-신학적으로 해석하면서 다음과 같이 말한 바 있다. "사실 예수께서는 섭리에 의해 아우구스투스 황제의 평화 시대에 태어난 것이 아니라, 본디오 빌라도가 내세운 로마의 평화(Pax Romana)라는 명분에 의해 십자가에 못 박히신 것입니다.

아닌 게 아니라, 이와 같은 모순의 많은 사례들을 그저 병치시켜 놓기만 해도 그것은 정치적이고 정치신학적인 현상들의 인식을 위한 노다지가 되어줄 것이다. 여기서 우리는 삼위일체 교리의 한복판에 진정한 의미에서의 정치신학적 내전학Stasiologie이 자리해 있음을 목도하게 된다. 그러니까 적과 적대라는 문제는 [어떻게 해도] 은폐될 수 없는 것이다. 덧붙이자면, 오늘날의 세계에서 통용되는 어법과 관련하여 영미 언어권에서 한 가지 흥미로운 언어학적 사실이 발견되는데, 그것은 셰익스피어 이래로 낡은 언어로 치부되어 오직 "수사적으로"만 쓰이던 포Foe라는 단어가 제2차 세계대전 이후로 새로운 생명을 얻게 되었다는 점이다. 이 징후적인 현상에 대해서는 기념논문집 『에피로시스』(1968)에 기고한 「적 혹은 적 — 근대 정치의 갈등」"Enemy oder Foe: Der Konflikt der modernen Politik"이라는 논문에서 조지 슈왑[11]이 연구한

그것은 정치적인 처형이었습니다"(p.12). 계속해서 그는 다음과 같이 말한다. "물론 예수는 유대인의 자유를 위해 싸운 투사가 아니었습니다. 예수와 함께 십자가에 매달린 두 명의 열심당원이 그런 투사였지요. 하지만 예수께서 이들보다 더 깊은 의미에서 로마의 정치 종교에 대한 반란을 일으켰다는 사실은 부인할 수 없습니다. 원형 경기장 안으로 내몰리던 기독교 순교자들은 이 사실을 잘 알고 있었습니다"(p.12). 이 말은 옳다. 그런데 나에게는 "로마의 평화라는 명분하에 당한 십자가 처형"이라는 생각은 시대착오적인 기만이거나 아니면 오늘날의 미국의 평화(Pax Americana)를 빌라도 시대로 역투사한 것으로 보인다. 십자가 처형은 노예와 법-바깥으로-내버려진 자들(hors-la-loi-Gesetzte)에 대한 정치적인 조치였다. 그것은 노예의 처지에 있는 인간들에게 가해지는 형벌(supplicum sumptum de eo in servilem modum)이었다. 이에 관해서 나는 『감옥으로부터의 구원』이라는 소책자(Ex Captivitate Salus, 1950, p.61)에서 견해를 표명한 바 있다. 어쨌든 그렇게 십자가 처형을 당한 신을 숭배하는 데 있어서는 결코 배제할 수 없는 강렬한 정치적인 의미를 강조했다는 점에서 몰트만은 옳다. [십자가 처형의] 정치적인 의미는 결코 "순수하게 신학적인 것"으로 승화될 수 없다.

11 조지 슈왑(George Schwab, 1931~). 라트비아 태생의 미국 정치학자. 칼 슈미트 저작의 영어 번역자이기도 하다. ─옮긴이

바 있다.

이렇듯 질서정연하게 탈신학화된 현실, 너무도 인간[중심]적으로 되어버린 새로운 현실 속에서 적 개념의 운명에 대하여 살펴보는 것은 우리로서는 불가피한 일이다. 물론 이 일에도 나름의 위험이 따른다. 그것은 신과 악마 간의 마니교적 적대라는 위험이 아니라, 블루멘베르크의 명명법을 따르자면, "영지주의의 재발"에 의해 발생한 위험이다. 영지주의와 근대를 [부당하게] 연결시켰다는 비난에 대해 블루멘베르크는 그 연결을 뒤집는 방식으로 응수한다. 즉 그에게 근대란 두 번째——하지만 이번에는 성공한——영지주의의 극복을 뜻한다. 첫 번째 극복[의 시도], 특히 아우구스티누스의 시도는 성공하지 못했다는 것이다(p.78). 이렇게 본다면, 우리는 이제 기독교 중세 및 그 시대가 달성한 "합리적 체계 의지의 통일"을 그것이 영지주의적 저항을 [어떻게] 잠재웠는가 하는 관점에 기초하여 파악할 수 있게 되었다.

이로써 탈신학화는 탈정치화를 포괄하는 개념이 되는데, 여기서 탈정치화란 세계가 더는 "정치적인 형태"로 존재하지 않게 되었음을 뜻한다. 이와 더불어 적과 동지의 구분 역시 정치적인 것의 기준으로서 소임을 잃게 된다.[12] 영지주의적 이원론은 이 사악한 세계를 창조한

---

12 『정치적인 것의 본질』(*L'Essence du Politique*, Paris, 1965)에서 줄리앙 프로인트는 (나와 달리) 적과 동지의 구분을 [유일한] 기준으로 사용하지 않고, 세 가지 전제(이것은 곧 명령-복종, 공적[인 것]-사적[인 것], 적-동지라는 세 가지 개념쌍이다) 가운데 하나로서 제시한다. 그는 이 세 가지 개념쌍이 정치적인 것에 관한 체계적이고 구조적인 이론을 정립하는 데 본질적인 전제조건이 된다고 보았다. 이에 관해서는 나의 논문 「정치사상가로서의 클라우제비츠」("Clausewitz als politischer Denker", *Der Staat*, vol.6, 1967) p.500 을 참조하라.

신, 이 세계의 주인, 정의의 신 맞은편에 이 세계에 대해 [완전히] 낯선 신, 사랑의 신, 구세주를 세워둔다. 이 두 신은 비록 서로 열성적으로 싸우는 적대 관계는 아니지만 어쨌든 어떻게도 중재할 수 없는 서로 상극인 관계이다. 이 관계는 일종의 위험한 냉전 상태에 견줄 수 있는데, 이때 [발현되는] 적대는 탁 트인 전쟁터에서 [서로 대치 중인 두 진영이] 먼저 공격을 포고한 뒤 전투에 임하곤 했던 소박한 형태의 적대보다 훨씬 더 강렬할 수 있다. 도무지 반박하기 어려울 정도로 완강한 영지주의적 이원론이 가진 힘은 오래된 신화적 이미지나 빛과 어둠 따위의 은유적 이미지가 가진 명증성에 기대고 있는 것이 아니라, 전지하고 전능하며 대자대비한 창조주가 이 세계[의 피조물들]에게 구세주와 동일한 하나의 신이 아닐 수 있다는 사실에서 나오는 것이다. 아우구스티누스는 신성이 맞닥뜨린 이 어려움을 자유를 가진 인간에게, 그러니까 신으로부터 자유를 부여받은 피조물에게 전가시켰다. 그리하여 이제 이 피조물은 자신이 가진 자유를 동원하여 [본래] 구원이 필요 없었던 신의 세계를 [기어코] 구원이 필요한 세계로 만들기에 이른다. 이 일을 할 수 있는 피조물, 즉 인간은 [선한] 행동을 통해서가 아니라 사악한 범죄를 저지름으로써 자신에게 부여된 자유를 보존한다. 삼위일체 이론은 창조신과 구세주의 동일성을 아버지와 아들의 통일성이라는 휘장으로 덮는다. 아버지와 아들은 절대적으로 동일한 존재는 아니지만, 그래도 양자는 "하나"Eins다. 이렇게 해서 두 개의 본성을 [전제하는] 이원론, 즉 신-인Gott-Mensch의 이원론은 [삼위일체의] 제2위격 안에서 통일된다.

영지주의적 이원론의 구조에서 [가장] 핵심적인 문제, 즉 창조주

와 구세주의 [대립이라는] 문제는 비단 영생Heil 종교 및 구원 종교 일
체를 지배하는 것에 그치지 않는다. 그것은 변화와 쇄신을 필요로 하
는 모든 세계에 내재한 문제로서 결코 회피하거나 근절할 수 없는 문
제이다. 인간들 사이의 적대를 이 세계에서 [완전히] 없애는 방법은
낡은 방식의 국가 간 전쟁을 금지하는 것 혹은 세계 혁명을 선동하
거나 세계 정치를 세계-경찰[에 의한 통치]로 전환시키는 것 따위일
수 없다. 개혁과 개량, 변경 혹은 변환 등과 달리 혁명은 적대적 투쟁
[의 형식]이다. 변화가 필요한 세계, 즉 잘못된 세계의 주인(변화가 필
요한 것은 그의 탓이다. 왜냐하면 그는 변화에 적응하는 대신 저항하기 때
문이다)은 변화된 새로운 세계의 선구자, 해방자와 좋은 친구가 될 수
없다. 이들은 말하자면 **태생적으로**von selbst 서로 적이다. **혁명의 시대
에는 과거에 속하는 모든 것이 적이다**En temps de révolution tout ce qui est
ancien est ennemi(미네).[13] 16, 17세기 기독교 교회의 개혁 역시 **개혁법**jus
reformandi에 관한 기독학적·정치적 충돌로 시작하여 [결국] 정치-신
학적 혁명이 되었다. 종교개혁과 혁명에 관한 헤겔의 유명한 언명(『엔
치클로페디』, §552)은 정치신학의 관점에서 볼 때 문제의 핵심을 적실
하게 포착한 질문을 담고 있다.

  『리바이어던』에 대한 새로운 해석을 시도한 논문[14]에서 나는 토머
스 홉스가 [그때까지] 로마 가톨릭교회에 의해 독점되었던 [정치적] 결

---

13 프랑수아 미네(Fraçois Mignet, 1796~1884). 프랑스의 언론인, 역사가. 프랑스 혁명사의
   전문가이다. ─ 옮긴이
14 칼 슈미트, 「완성된 종교개혁: 『리바이어던』에 대한 새로운 해석을 위한 소견과 조언」,
   『국가』, pp.51~59.

정권에 맞서 개념적이고 체계적인 방식으로 국가라는 대안을 선명하게 제시하는 데 성공했으며, 이를 통해 **혁명을 완성했다**는 점을 보여주었다. 이것은 [홉스] 당대의 산물이었는데, 이 시대를 규정하는 것은 [한편으로] 중세의 관점에서는 **개혁법**jus reformandi이라는 표상이었고, [다른 한편으로] 이 표상에 의해 비로소 탄생할 수 있었던 국가의 관점에서는 [국가] 주권에 대한 요구였다. 블루멘베르크는 이에 상응하는 통찰을 보여준다. 즉 그는 니콜라우스 쿠자누스[15]와 조르다노 브루노를 대결시킴으로써 이 시대가 [결정적인] "시대 문턱"Epochenschwelle이었다는 사실을 거장의 솜씨로 증명한 것이다(pp.435~437). 홉스에 관한 나의 설명은 다음과 같은 말로 마무리된다. 그의 『리바이어던』은 "특유한 방식으로 정치-신학적이었던 시대의 산물"이었다. 이보다 나중에 쓴 논문 「정치사상가로서의 클라우제비츠」에서 나는 나폴레옹에 대한 적대의 다양한 방식을 소개했다(p.494). [더 구체적으로 말하자면] 나는 나폴레옹에 대한 피히테의 이데올로기적 적대를 클라우제비츠의 정치적 적대와 구분했다. 또한 [이 글에서] 나는 괴테의 한 문장을 상기시키기도 했는데, 그것은 지난 1939~1945년 사이에 벌어진 전쟁[제2차 세계대전] 당시 있었던 수많은 비-공식 담화에서 괴테 전문가들이 수없이 인용하고 또 해석[을 시도]했던 문장, 즉 『시와 진실』Dichtung und Wahrheit 제4권에 나오는 유명한 라틴어 격언이다. **신 자신을 제외하고는 누구도 신에게 맞설 수 없다**nemo contra deum nisi deus

---

15 니콜라우스 쿠자누스(Nicolaus Cusanus, 1401~1464). 독일의 신학자, 철학자. —옮긴이

ipse.[16]

이 생각 자체는 오래된 것이다. 만약 모든 통일성에 이원성, 그러 니까 어떤 모반의 가능성, 즉 스타시스stasis가 내재해 있는 것이라면, 그때 신학은 곧 "내전학"이 되는 셈이다. 괴테의 격언——비록 그 자신 은 이 말을 라틴어로 표현하긴 했지만——의 출처는 [모종의] 기독학 이다. 내가 확인한 바로는, 이 문장은 야콥 미하엘 렌츠[17]의 단편 「시에 나의 카타리나」Catharina von Siena에서 유래한 것이다. 이 작품에서 카 타리나는 아버지에게서 도망치는 와중에 다음과 같이 탄식한다.

나의 아버지는 마치 사랑하는 신처럼,

---

16 칼 슈미트, 「정치사상가로서의 클라우제비츠」, 『국가』, p.494. 1919년 6월 17일자 일기 (*Die Flucht aus der Zeit*, 1931, p.253)에서 후고 발은 괴테의 이 격언을 인용한다. [하지 만] 그는 이 말을 괴테에게 종교란 [오로지] 인간적인 관심사였을 뿐, [결코] 신과 관련된 일이 아니었다는 사실, 그리고 **마성적인 것**(das Dämonische)은 그에게 부정하는 힘이 아 니라 [온갖 영역을] 누빌 수 있는 힘이었다는 사실에 대한 증거로 해석하려는 시도는 전 혀 하지 않는다. 이 경우 마성적인 것은 악마와 동일시될 수 없다. 나아가 고대의 용법을 따르자면, 이 단어는 [심지어] 영웅주의와 자기신격화의 의미까지 배제하지 않는 말일 수도 있다. 이 격언의 유래와 의미에 대해서는 1945년 아돌프 그라보스키가 처음으로 의문을 제기했으며(Adolf Grabowsky, *Trivium*, vol.3, n.4), 이후 괴테학회에서 발행하는 『괴테 연감』(*Goethe-Jahrbuch*)에 게재된 일련의 논문들에서 논의되었다. 에두아르트 슈 프랑거의 추측(Eduard Spranger, *Goethe-Jahrbuch*, vol.11, 1949)에 따르면, 이 표현을 지 어낸 이는 [실제로는] 괴테 아니면 [프리드리히 빌헬름] 리머(Friedrich Wilhelm Riemer) 일 텐데, [율리우스 빌헬름] 칭그레프(Julius Wilhelm Zincgref)의 『격언집』에 [이미] 등 장한다는 이유로 [아주] 오래된 표현인 양 사칭되었을 거라고 한다. 『괴테 연감』에 게재 된 다른 여러 해석들(크리스티안 야넨츠키Christian Janentzky, 지크프리트 샤이베Siegfried Scheibe, 몸메 몸젠Momme Mommsen) 가운데 특별히 우리의 관심을 끄는 것은 몸젠의 해석(*Goethe-Jahrbuch*, vol.8, pp.86~104)이다. 왜냐하면 그는 이 격언을 나폴레옹과 연 관시켜 해석하고 있기 때문이다. 게다가 몸젠은 「클라우제비츠」 논문에서 내가 인용했 던 괴테의 일기, 즉 1806년 8월에 그가 피히테와 나폴레옹에 대해 쓴 일기를 인용한다.
17 야콥 미하엘 렌츠(Jakob Michael Lenz, 1751~1792). 독일의 작가. —옮긴이

모욕당한 신처럼 나를 위협하듯 바라보누나.

그래도 그가 두 손을 내밀어줬더라면——

신에 맞서는 신

　(그녀는 품에서 작은 십자가상을 꺼내 키스한다)

구원하소서, 그의 손에서

나의 예수님, 내가 당신을 따르노니, 저를 구해주소서!…

구원하소서, 구해주소서 저를 제 아비로부터

그리고 그의 사랑, 그의 폭정으로부터.

[지금껏] 수없이 논의된 저 괴테 격언의 **수수께끼**는 이 글에 의해 풀릴 수 있다고 나는 확신한다. [『근대의 정당성』에서] 블루멘베르크는 기독학적 통찰을 담은 사례들을 너무도 많이 제시하고 있어서 정치신학의 문제를 적에 대한 물음으로 치환하고, [그의] 테제들 가운데 몇 가지를 신학적 열정 따위와는 거리가 멀어도 한참 멀었던 시인의 격언에 비추어 고찰한다 해도 그리 잘못된 일은 아닐 듯하다. 하지만 이 시인은 프리드리히 폰 뮐러[18] 수상과의 대화(1823년 10월 10일)에서 다음과 같이 말한 적이 있다. '그리스도의 신성에 관한 교리는 전제정치를 위해서 유익할 뿐만 아니라 심지어 필수적이기까지 하다.'

　아래에서 제시될 우리의 테제는 결코 블루멘베르크의 테제를 확정하려는 시도가 아니다. 그것은 단지 나의 고유한 입장을 더 명확히 인식하기 위해 이제 막 나에게 분명히 떠오른 반대 형상Gegenbild을

---

18 프리드리히 폰 뮐러(Friedrich von Müller, 1779~1849). 독일의 정치인. —옮긴이

[거칠게나마] 스케치하려는 것일 뿐이다. [이때] 나에게 있어서 정치적인 것의 관점에서 제기되는 핵심적인 질문은 적의 현실에 관련된 것인데, 이 적의 실제적인 가능성은 내게도 역시 철저히 탈신학화된 반대 형상 속에서 인식되고 있다. 아닌 게 아니라, 낡은 정치신학을 완전히 새롭고 순수한 세속성 및 [철저히] 인간적인 인간성으로 재전유하려 한 그의 원대한 시도를 비판적으로 정확하게 음미하는 일은 학문적 인식을 위해 노력하는 모든 사람이 결코 도외시해서는 안 될 의무로 남게 될 것이다.

그렇다면, 철저히 탈신학화된 근대 학문이 정치신학 일체를 처리하는 방식은 다음과 같은 일련의 사유 속에서 움직인다고 할 수 있다.

1. 과학적이고 엄밀하며 학문적인 인식에게 신학이란 고유한 학문적 범주를 가진 하나의 학문으로서 토론 대상이 될 수 있는 것이 아니다. 또한 이전의 신학적 입장을 재-전유한다는 의미에서 학문적으로 새로운 정치신학 역시 있을 수 없다. (이전의 일신교적 정치신학을 대신하는) 민주주의적 정치신학도, (이전의 반혁명적 정치신학을 대신하는) 혁명적 정치신학도 존재하지 않는다. 모든 탈신학화된 개념들이 학문적으로 불순한 내력을 가진 정치신학의 유산을 모조리 떠맡았기 때문이다. 정치신학을 이른바 **근원에서부터**ab ovo 새롭게 구성하는 것은 이제 더 이상 불가능하다. 전래의 의미 혹은 쇄신 가능한 것이라는 의미에서 **오붐**[중핵]ovum은 이제 어디에도 존재하지 않는다. 존재하는 것은 오직 **노붐**[새로움]novum뿐이다. 탈신학화, 탈정치화화, 탈법학화, 탈이데올로기화, 탈역사화뿐 아니라 **백지화**tabula rasa를 지향하는 온갖 탈

ent-탈화마저 탈락한다. 심지어 백지화마저 스스로를 탈-백지화하여 [결국] 백지마저 사라지고 만다. 새로운 학문, 순수하게 세속적이며 인간적인 학문이란 멈출 줄 모르는 인간의 호기심에 의해 끝없이 추동되는 인식, 세속적이고 인간적인 인식의 확장 및 쇄신 외에 다른 것에는 전혀 관심이 없는 과정-진보Prozeß-Progreß이다.

2. 이 과정 속에서 직접 스스로를 생산하는 새로운 인간은 결코 새로운 아담, 혹은 새로운 아담-이전-인간Prae-Adamit이 아니며, 하물며 새로운 그리스도-아담은 더더욱 아니다. 그는 자기 자신이 직접, 그러니까 자발적으로 부여한 기능에 따라 작동하는 과정-진보가 매번 새롭게 만들어내는 계통 없는 제품이다.

3. 과정-진보는 비단 자기 자신과 새로운 인간만 생산하는 것이 아니다. 그것은 자신에게 고유한 새로움을 [거듭] 새롭게 만들기 위한 가능성의 조건 또한 생산한다. 이는 무로부터의 창조에 [정확히] 반대되는 것이다. 즉, 과정-진보란 항상 새로운 세속성의 자기 창조를 위한 조건으로서 무의 창조를 의미한다.

4. 최고의 가치는 인간의 자유다. 인간의 자유를 위한 조건은 인간적 학문과 인식의 **가치중립성**이다. 학문의 가치-중립성을 실행에 옮기기 위한 조건은 자유롭게 생산된 학문의 결과물들에 대해 자유롭게 **평가**Verwertung하는 것이다. [자유롭게 만들어진] 제품들을 자유롭게 평가하는 행위에 가치를 부여한다는 것은 [다시] 자유롭게 소비하며 **자유롭게 가격을 매긴다**Bewertungsfreiheit는 것을 뜻한다. 가치-평가와 가격 책정의 자유라는 돌이킬 수 없는 신드롬이 [바로] 진보적인 사회, 과학적·기술적·산업적으로 자유로운 사회이다.

5. 생산의 자유와 [가치] 평가의 자유 그리고 가격 책정의 자유, 이 세 가지 자유에 의해 유지되는 과정-진보 속에서 스스로를 생산하는 새로운 인간은 결코 새로운 신이 아니며, 그에게 맡겨진 새로운 학문은 결코 새로운 신학이나 신[성]에 대항하는 자기신격화 혹은 새로운 "종교적 인간학"이 아니다.

6. 새로운 인간은 끊임없이 진보하며 끊임없이 새롭게 정립한다는 의미에서 공격적이다. 그는 적의 개념과 더불어 적에 대한 낡은 관념을 세속화하거나 재전유하려는 모든 시도를 배격한다. 그는 과학적·기술적·산업적으로 새로운 것을 통해 [모든] 낡은 것을 초극한다. 낡은 것은 새로운 것의 적이 아니다. 과학적·기술적·산업적인 과정-진보 속에서 낡은 것은 제 손으로 스스로를 처리한다. 이 과정-진보는 낡은 것을——가능한 새로운 평가 기준에 따라——평가하거나 아니면 평가 불가능한 것으로 치부하며, 그것도 아니면 무가치한 장애물로 보아 파기한다.

7. 그는 하늘에서 벼락을 훔쳐 새로운 벼락을 전해준다Eripuit fulmen caelo, nova fulmina mittit.

그는 신에게서 하늘을 훔쳐 새로운 공간을 열어젖힌다Eripuit caelum deo, nova spatia struit.

인간은 인간에 대해 변할 수 있는 존재다Homo homini res mutanda.

인간 자신을 제외하고는 누구도 인간에게 맞설 수 없다Nemo contra hominem nisi homo ipse.

나는 다음과 같은 질문으로 [이 글을] 맺으려 한다. 학문적 가치중립성이라는 자유와 기술적·산업적 생산의 자유 그리고 인간의 자유로운 소비에 의한 가격 책정의 자유, 이 세 가지 자유 가운데 어느 것이 가장 강력한 공격성을 내장하고 있는가? 혹시 그 사이에 공격성이라는 개념마저 가치-중립적인 것이 되어버린 탓에 이 질문마저 학문적으로 용인될 수 없다면, 그렇다면 [우리의] 상황은 분명 다음과 같이 요약될 수 있을 것이다. 이성을 대체한 자유를 다시 새로움이 대체한 상

황stat pro ratione Libertas, et Novitas pro Libertate.

옮긴이 후기

"정신은 모든 시간적인 것을 이념으로 파악하는 힘이다."[1] 이것은 야콥 부르크하르트의 말이다. 이 책의 저자는 필경 이 명제에 선뜻 동의했을 것이다. 물론 슈미트는 19세기 바젤의 역사가를 다소 부정적으로 소개하고 있기는 하다. 부르크하르트가 자신의 선조, 즉 '정치신학의 원형' 에우세비우스를 격렬하게 비난했기 때문이다. 그럼에도 『정치신학 2』는 부르크하르트적 의미의 '정신'이 제대로 발현될 경우 얼마나 강력한 글이 탄생할 수 있는지를 유감없이 보여주는 책이라 할 수 있다. 그러니까 슈미트는 니체의 스승 못지않게 "통상적인 지루함을 모른 채 연속적인 사색을 견딜 수 있는 사람", "사색을 위해 다른 상상력의 재료를 필요로 하지 않을 정도로 충분한 상상력"을 가진 사람, 행여 "다른 상상력의 재료를 받아들일 경우에 그것의 노예가 되지 않고

---

1 야콥 부르크하르트, 『세계 역사의 관찰』, 안인희 옮김, 휴머니스트, 2008, 34쪽.

그것을 또 하나의 대상으로 다룰 수 있는 사람"이었던 것이다.[2] 야콥 타우베스는 언젠가 이렇게 말했다. "(하이데거와 더불어) 칼 슈미트는 다른 모든 지식인들이 휘갈겨 낸 온갖 글 나부랭이들을 일거에 제압하는 정신의 힘을 갖고 있다."[3] 마치 이 말을 다시 한 번 증명이라도 하려는 듯, 노년의 슈미트는 이 책을 통해 자신이 서구 정신사(=정치사)의 핵심 문제들 및 그 현재성에 대해 누구보다 날카롭게 통찰한 지성임을 여실히 보여주고 있다.

제1차 세계대전의 폐허 속에서 '서구의 몰락'을 함께 지켜보던 두 지식인, 에릭 페테르존과 칼 슈미트. 1920년대 초, 본Bonn 대학의 동료로 만난 두 사람은 수년간 지속된 깊고 풍부한 지적 대화들을 통해 각별한 지기지우가 된다. 본디 독실한 프로테스탄트 신자였던 페테르존은 슈미트의 감화를 받아 1930년 불혹의 나이에 가톨릭으로 개종하기로 결심하고 어렵사리 얻은 신학 교수직을 내던진다. 이것은 말 그대로 생의 모든 것을 건 실존적 결단이었다. 이 결단이 독일 신학계에 적지 않은 추문을 불러일으킨 것은 전혀 놀라운 일이 아니다. 무엇보다 독일은 마르틴 루터의 종교개혁에 의해 탄생한 나라이기 때문이다. 독일 대학에서는 더 이상 자리를 찾을 수 없게 된 페테르존은 결국 가톨릭 신앙의 본산인 로마로 이주한다. 이는 동시에 슈미트가 그에게 알려준 로마 가톨릭주의의 이념에 페테르존이 제 존재를 온전히 의탁하기로 결심했음을 뜻하는 것이었다.

---

2 같은 책, 45~46쪽.

3 Jacob Taubes, *Ad Carl Schmitt. Gegenstrebige Fügung*, Berlin: Merve Verlag, 1987, p.31.

1928년 슈미트가 베를린 상업대학으로 이직한 후에도 장거리 여행을 함께 다닐 정도로 막역한 친분을 유지하던 두 사람은 그러나 1930년대 초 히틀러의 등장으로 인해 서로에게 정신의 칼을 겨누는 '이념적' 적대 관계로 들어서게 된다. 1933년 3월 31일, 페테르존을 만나기 위해 로마로 향하던 슈미트는 뮌헨에서 당시 정부의 부수상副首相이었던 프란츠 폰 파펜Franz von Papen으로부터 신속히 베를린으로 돌아오라는 전보를 받는다. 이것은 말하자면 제3제국 황제법학자Kronjurist의 탄생, 혹은 에우세비우스의 현대적 부활을 알리는 신호탄이었다. 그러니까 슈미트는 로마가 아닌 베를린행 열차에 올랐던 것이다. 친구의 이 선택은 로마의 가난한 신학자에게 실로 커다란 충격을 안겨주었다. 느닷없이 적그리스도의 세력과 손을 잡은 친구를 페테르존은 개인적으로도 신학적으로도 도저히 이해할 수 없었다. 바로 이것이 평신도 가톨릭 신학자가 「정치적 문제로서의 유일신교」라는 문제적인 논문을 집필하게 된 직접적인 동기이다. 하지만 이 글을 쓰기 1년 전에 이미 페테르존은 간접적인 방식으로나마 슈미트를 공격했다. 1934년 독일 가톨릭 지식인 연맹이 주최한 학회에서 페테르존은 "오늘날 사탄의 권좌가 베를린으로 옮겨갔다는 것은 잘 알려진 사실"이라고 공개적으로 주장했던 것이다.[4] 이는 가톨릭과 프로테스탄트를 불문하고 당시의 험악한 정치적 분위기에서는 실로 대담하기 짝이 없는 발언이었다.

그럼에도 불구하고 페테르존과 슈미트 두 사람은 이후에도 드

---

4 Erik Peterson, *Offenbarung des Johannes und politisch-theologische Texte*, Würzburg: Echter Verlag, 2004, p.44.

문드문 서로 연락을 취하면서 개인적인 친분을 완전히 파기하지는 않았다. 가령 슈미트는 『토머스 홉스 국가론에서의 리바이어던』*Der Leviathan in der Staatslehre des Thomas Hobbes*(1938)을 쓰면서 페테르존에게 학문적인 조언을 구하여 도움을 받았다. 뿐만 아니라 제2차 세계대전 후 슈미트가 영어 생활을 한 뒤 경제적인 어려움을 겪고 있을 무렵 페테르존은 없는 살림을 쪼개어 그를 원조하기까지 했다. 그럼에도 불구하고 법학자와 신학자의 우정은 더 이상 본 시절의 그것이 아니었다. 그럴 수 없었다. 정치-신학이 두 친구를 완전히 갈라놓았기 때문이다. 슈미트와 페테르존 두 사람이 생각한 '로마'는 같은 '도성'이 아니었던 것이다.

슈미트가 『정치신학 2』를 상재한 것은 1970년, 자신에게 화살을 쏜 파르티아인이 세상을 버린 지 정확히 10년째 되는 해였다. 이 책은 슈미트가 생전에 출간한 마지막 저서이다. 그렇다면 우리는 이 책을 그의 학문적 유언으로 간주할 수 있을까? 이에 대해서는 가타부타 대답하기 어렵다. 판단은 이 책을 읽는 각자의 몫으로 남겨두는 것이 좋을 것 같다. 다만 다음 두 가지 사실을 판단을 위한 참고사항으로 제시하고자 한다. 1) 이 책의 후기에 주인공으로 등장하는 철학자 한스 블루멘베르크는 사후 출간된 유고 노트에 다음과 같이 적어놓았다. "1970년 이 책을 입수했을 때 나의 뇌리를 가장 먼저 스친 생각은 이것이다. '언젠가 슈미트가 다시 『정치신학 3』을 써야 할 날이 오지 않을까?'"[5] 실제로 블루멘베르크에게 보낸 1974년 10월 20일자 편지에

---

5 Alexander Schmitz und Marcel Lepper eds., *Hans Blumenberg-Carl Schmitt Brief-*

서 슈미트는 만약 건강이 허락한다면 반드시 그 책을 쓰겠노라 약속한다. 하지만 이 약속은 지켜지지 않았다. 2) 이 편지로부터 반세기 전, 다다이스트 시인 후고 발은 가톨릭 잡지『높은 땅』에 슈미트의 정치신학에 대한 논평을 게재한다. 이 글에서 시인은 다음과 같이 주장한다. 『정치적 낭만주의』(1919)가 슈미트의『순수이성비판』이라면,『정치신학』(1922)은 그의『실천이성비판』이다.[6] 그렇다면 슈미트의『판단력비판』은 어떤 책일까? 본서의 한 각주(39쪽)에서 슈미트는 이에 대한 자신의 대답을 암시하고 있다. 즉, 1927년 저작『정치적인 것의 개념』이 바로 자신의『판단력 비판』이라는 것이다. (추정하건대, 페테르존이라면 아마『로마 가톨릭주의와 정치형식』을 꼽았을 것이다.)

『정치적인 것의 개념』과 달리『정치신학 2』는 "정치신학에서 정치기독학으로의 이행"을 다루는 저작이다. 그렇다면 혹시 이 책은 슈미트가 썼을 법한『이성의 한계 안에서의 종교』라고 할 수 있을까? 알 수 없다. 그야 어쨌든, 한 가지 확실한 사실은 이 책이 법학자 슈미트를 신학의 "법 앞에서" 평생을 서성거리다가 마침내 (허망한) 죽음을 눈앞에 둔 "시골 남자"처럼 보이게 만든다는 점이다. 혹시 그의 눈에는 페테르존(과 한스 바리온)이 신학의 문지기처럼 보였을까? 아마 그럴지도 모른다. 그렇다면 플레텐베르크Plettenberg 출신의 이 남자가 (헛되이) 도움을 청할 수도 있었을 "벼룩"은 과연 누구 혹은 무엇이었을까?

---

wechsel 1971-1978 und weitere Materialen, Frankfurt am Main: Suhrkamp, 2007, p.167.

6 Jacob Taubes ed., *Religionstheorie und Politische Theologie. Band 1: Der Fürst dieser Welt. Carl Schmitt und die Folgen*, Munich: Wilhelm Fink Verlag, 1985(1983), p.104.

먼저 떠오르는 이름들은 다음과 같다. 테르툴리아누스, 토머스 홉스, 알렉시스 드 토크빌, 도노소 코르테스, 막스 슈티르너Max Stirner, 브루노 바우어, 콘라트 바이스 그리고 카테콘.

　내 생각에 슈미트가 구상한 정치기독학의 핵심 질문은 다음과 같다. "기독교의 이름으로 승리한다고? 그렇다면 물어보자. 대관절 그 기독교는 어디서 찾을 수 있는 것인가?"[7] 이것은 슈미트의 제자 귄터 크라우스Günther Krauss가 제기한 질문인데, 슈미트는 이를 자신의 일기(1948년 4월 7일자)에 옮겨 적은 뒤 거기에 "아주 훌륭한 질문"이라는 코멘트를 달아놓았다. 정치기독학은, 바꿔 말하자면, 전全 지구적 내전학이다. 그리고 내전학은 "절대적 적대 관계"의 사실성을 근본 전제로 놓고 출발하는 학문이다.[8] 노년의 슈미트가 생각한 내전학의 핵심 이슈는 기술Technologie과 테러, 더 구체적으로 말하자면 핵무기와 파르티잔이었다. "인종적으로der Rasse nach 가톨릭교도"였던 슈미트는 이두 가지 극단적인 위협에 직면하여 십자가의 위로를 구한다.[9] 그는 이렇게 적었다. "십자가상은 전 세계의 모든 핵무기 시설이 내뿜는 방사능보다 더 강력하다. 온갖 생각과 감정들이 뒤엉켜 있는 어지러운 내마음 위에 십자가상을 세운다. 그러자 예수가 바다 위를 걷는 모습이 보인다."[10] 그러나 이 환상적인 위로는 다음의 사실에 의해 곧바로 휘

7 Carl Schmitt, *Glossarium: Aufzeichnungen der Jahre 1947-1951*, Berlin: Duncker & Humblot, 1991, p.124.
8 칼 슈미트, 『파르티잔: 그 존재와 의미』, 김효전 옮김, 문학과지성사, 1998, 88쪽.
9 Carl Schmitt, *Glossarium*, p.131.
10 *Ibid.*, p.89.

발되고 만다. 즉 "예수는 무법자의 죽음, 노예의 죽음을 죽었다"는 사실, 그러니까 "예수의 십자가 처형은 탈법적 사건이었다"는 사실.[11]

하지만 오늘날에는 이 가공할 사실조차 매순간 갱신되는 거대한 새로움에 의해 한낱 먼지 쌓인 골동품 취급을 받고 있을 따름이다. 정치신학 못지않게 정치기독학이 오해되리라는 점에는 의문의 여지가 없다. 그렇지만 아마 슈미트는 전혀 놀라지 않을 것이다. 왜냐하면 홉스, 토크빌, 도노소 코르테스와 달리, 그는 사도 바울의 수수께끼, 즉 카테콘의 비밀을 알았기 때문이다. 그러나 이 경우 '안다'는 동사는 암흑의 핵심을 이루는 말이 된다. 이뿐만이 아니다. 슈미트의 비석에는 그리스어로 다음과 같은 글귀가 새겨져 있다고 한다. "KAINOMON ΕΓΝΩ"(그는 노모스를 알았다).[12]

*   *   *

짧은 책이지만 번역은 결코 쉽지 않았다. 그 사이 뉴욕과 서울 그리고 베를린을 오가며 박사논문을 집필하느라 번역 작업이 많이 지체되었고, 그로 인해 출간이 예상보다 늦어졌다. 오래 기다려준 그린비 출판사 측에 송구하고 고마운 마음을 전한다. 초벌 원고를 읽고 귀한

---

11 *Ibid.*, p. 208. 슈미트의 이 주장을 야콥 타우베스의 다음 진술과 비교하여 음미해볼 필요가 있다. "바울은 [법과 종교라는] 동일한 문제에 대해 완전히 다른 어떤 것으로, 다시 말해 항의로써, 가치의 탈가치화[가치 전복]로써 대답했던 사람입니다. 즉 지배자[황제]는 노모스가 아니라, 노모스 때문에 십자가에 매달린 사람[예수 그리스도]이라고 말한 겁니다. 이건 정말이지 엄청난 것이죠. 그리고 이에 비하면 다른 모든 시시한 혁명가들은 아무것도 아닙니다! 이 가치 전복은 유대교적-로마적-헬레니즘적 고위층-신학을 발칵 뒤집어 놓았습니다." (야콥 타우베스, 『바울의 정치신학』, 조효원 옮김, 그린비, 2012, 63쪽)

12 이 사실을 알려주신 김건우 선생님께 감사의 말씀을 드린다.

코멘트를 주신 김건우, 김재훈, 윤인로 세 분 선생님께 깊은 감사의 말씀을 올린다. 원고를 꼼꼼히 편집해준 그린비 출판사의 이지훈 씨에게도 감사를 드린다. 마지막으로, 하지만 사실은 가장 먼저, 사랑하는 아내 지안에게 그 차갑고 너무 어지러웠던 시간들을 함께 명랑하게 버텨줘서 진심으로 고맙다는 말을 전한다. 아내의 도움이 없었다면, 이 번역 작업은 무한정 유예되었을지도 모른다. 그녀는 탁월한 감각으로 원고를 매만져주었고 이 책의 표지 그림도 골라주었다. 이 책이 진짜 질문을 가지고 싶은 사람, 지금 질문을 던지고 있는 사람, 이미 던진 질문에 사로잡혀 있는 사람 모두에게 두루 그리고 오래 읽혔으면 하는 바람이다.

2019년 11월

조효원

정치신학·2 : 모든 정치신학이 처리되었다는 전설에 대하여

발행일 초판1쇄 2019년 12월 9일 | **지은이** 칼 슈미트 | **옮긴이** 조효원

펴낸이 유재건 | **펴낸곳** (주)그린비출판사

주간 임유진 | **편집·마케팅** 이지훈, 방원경, 신효섭, 홍민기 | **디자인** 전혜경 | **경영관리** 유하나 | **물류유통** 유재영, 이다윗

주소 서울시 마포구 와우산로 180, 4층 | **전화** 02-702-2717 | **팩스** 02-703-0272 | **이메일** editor@greenbee.co.kr

신고번호 제2017-000094호

ISBN 978-89-7682-990-0 93300

이 도서의 국립중앙도서관 출판시도서목록(CIP)은 서지정보유통지원시스템 홈페이지(http://seoji.nl.go.kr)와 국가자료공동
목록시스템(http://www.nl.go.kr/kolisnet)에서 이용하실 수 있습니다.(CIP제어번호: CIP2019046581)

철학이 있는 삶 **그린비출판사** www.greenbee.co.kr